ESCALAS DE GUITARRA CONTEXTUALIZADAS

Guia Práctico de Referência

JOSEPH **ALEXANDER**

FUNDAMENTAL**CHANGES**

Escalas de Guitarra Contextualizadas

Guia Práctico de Referência

Publicado por **www.fundamental-changes.com**

ISBN: 978-1910403884

www.fundamental-changes.com

Mais de 11.000 fãs no Facebook: **FundamentalChangesInGuitar**

Instagram: **FundamentalChanges**

Para mais de 350 Aulas de Guitarra Gratuitas em Vídeo, veja:

www.fundamental-changes.com

Imagem de Capa © Can Stock Photo Inc. / MnyJhee

Conteúdo

Introdução 4

A Escala Maior (Modo Jônico) 9

O Modo Dórico 14

O Modo Frígio 19

O Modo Lídio 24

O Modo Mixolídio 29

O Modo Eólico 34

O Modo Lócrio 39

A Escala Pentatônica Menor (Blues) 44

A Escala Pentatônica Maior (Blues) 49

O Modo Menor Melódico 54

O Modo Lídio Dominante 59

A Escala Alterada 64

A Escala Harmônica Menor 69

O Modo Frígio Dominante 74

A Escala Mixolídia Bebop 79

A Escala Dórica Bebop 84

A Escala Dominante-Diminuta 89

A Escala de Tons Inteiros (Aumentada) 94

Todos os exemplos de áudio estão disponíveis gratuitamente em

www.fundamental-changes.com/audio-downloads

Introdução

Eu nunca fui fã de "dicionários de escala", e, no começo, estava relutante em escrever este livro. A meu ver, eu acho que o problema é que não há muita vantagem em passar uma lista de escalas que você pode tocar na guitarra, sem, também, oferecer algum contexto e formas de aplicá-las. É como dar a alguém um dicionário de um idioma estrangeiro e esperar que eles descubram como funciona a língua.

Uma das minhas piores memórias do meu desenvolvimento inicial enquanto guitarrista foi abrir um dicionário de escalas e ver *todas* as possíveis digitações para cada modo - eu entrei em pânico, porque achei que precisava memorizar tudo que havia naquele livro.

Eu perdi muitas horas com pensamentos negativos, sentindo-me mal comigo mesmo, porque eu não conseguia encontrar um jeito de reter toda essa informação. Olhando para trás, eu percebo quanto tempo eu perdi tentando memorizar escalas que eu não compreendia. Foi um tempo que eu poderia ter investido em aprender música de verdade.

Escalas são, simplesmente, informações musicais. No conceito mais básico, elas são apenas formas de dividir uma oitava. Se nós dividirmos a oitava diferentemente, as sensações de nossa música serão alteradas. É muito bom conhecer trinta escalas em doze digitações distintas, mas se você não souber como ou quando aplicá-las, é uma perseguição meio inútil.

Tocar guitarra não se resume a, simplesmente, "cuspir" escalas. O objetivo é musicalidade, expressão e fraseado. Pode haver uma pequena parte da sua técnica que demande um "regurgitamento" de escalas, mas deve ser apenas 1 ou 2%.

Obtenha os Áudios

Os arquivos de áudio deste livro estão disponíveis para download gratuito em **www.fundamental-changes. com.** O link está no canto superior direito do site. Basta selecionar o título do livro no menu suspenso e seguir as instruções para obter os áudios.

Nós recomendamos que você baixe e extraia os arquivos diretamente para o seu computador (e não para o tablet) antes de adicioná-los à sua biblioteca de mídia. Assim você pode colocá-los no seu tablet, iPod, ou gravá-los em CD. Há um arquivo PDF de ajuda disponível na página de download, e nós oferecemos suporte técnico através do formulário de contato.

Kindle / eReaders

Lembre-se que você pode dar dois cliques em qualquer imagem para aumentá-la Desabilite a visualização por colunas e segura o seu Kindle no modo paisagem.

Mais de 11.000 fãs no Facebook: **FundamentalChangesInGuitar**

Instagram: **FundamentalChanges**

Para mais de 350 Aulas de Guitarra Gratuitas em Vídeo, veja:

www.fundamental-changes.com

Porque Este Livro é Diferente

Ao invés de lhe dar um dicionário, eu quero lhe dar um livro de fraseado e um guia de áudio, - Eu dei o meu melhor para colocar a praticidade e a musicalidade como as principais prioridades neste livro. Para cada escala abordada neste livro, há três *licks* essenciais e três faixas de apoio únicas, que irão ajudá-lo a conhecer o som e as sensações associadas a cada escala.

As 18 escalas mais comumente utilizadas na música moderna (pop, rock, jazz, etc.) são abordadas neste livro, e cada uma é ensinada com cinco padrões diferentes de digitação.

Cada capítulo é iniciado com a fórmula de cada escala - e como cada fórmula se compara com a fórmula da escala maior (1, 2, 3, 4, 5, 6 e 7). Além disso, eu também resumi, em uma linha, a sonoridade/sensação de cada escala, apesar de isso ser extremamente subjetivo! - Toque-as, ouça os licks e encontre a sua própria interpretação para cada som. Eu também destaquei as utilizações mais comuns de cada escala, para que você possa ouvir imediatamente como elas são usadas musicalmente.

Cada uma das cinco digitações para cada escala possui um desenho de acorde, destacado com pontos vazados. Eu aconselho fortemente que você *aprenda o desenho de escala em torno do desenho de acorde*. Desse jeito, você terá um desenho de acorde "âncora" em sua mente, o que irá ajudá-lo a relembrar a digitação da escala, seja lá em qual tom você estiver tocando. Os desenhos de acorde são baseados no sistema CAGED - mas entender esse sistema não é um requisito prévio para usar este livro.

Junto de cada desenho de escala, eu também indiquei as digitações de tríades e arpejos que são associadas a cada escala. Por exemplo: ao usar um padrão de escala maior, você verá qual é a tríade maior associada, além de um arpejo de 7ª maior. Você será capaz de visualizar que cada um dos cinco padrões de digitação possui um desenho correspondente de tríade e de arpejo, e que todas essas notas estão dentro do diagrama da escala. Por exemplo:

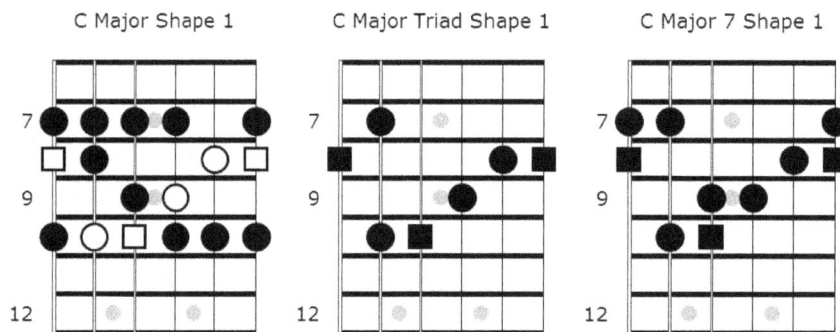

No primeiro diagrama, você pode ver o acorde de pestana destacado pelos pontos vazados e o desenho da escala maior construído ao seu redor. Os pontos quadrados sempre indicam a nota tônica de cada escala.

O segundo diagrama contém as notas da tríade. Você pode ver que elas são semelhantes às notas do acorde maior do primeiro diagrama.

O último diagrama contém um arpejo completo de 7ª maior para cada desenho de escala.

Pense nas tríades e arpejos associados como notas "seguras" que você pode utilizar quando estiver solando. Se comparadas com as notas fora dos arpejos, essas notas não adicionam muita tensão melódica ao seu solo. Porém, são justamente as notas de fora dos arpejos que inserem uma coloração única a cada escala.

Depois dos cinco desenhos para cada escala, um diagrama completo do braço da guitarra é mostrado, para que você veja como os desenhos estão interligados na guitarra.

Como eu mencionei anteriormente, não há muita utilidade em aprender um padrão de escala sem conhecer o contexto no qual ele está inserido. Por isso, eu incluí *três* progressões comuns de acordes que você pode usar com cada escala. Essas progressões de acordes estão incluídas como faixas de áudio, que você pode baixar gratuitamente em **www.fundamental-changes.com/audio-downloads**.

É essencial que você passe algum tempo experimentando e improvisando com cada escala sobre essas faixas de áudio. Isso irá ajudá-lo a aprender a sentir como cada escala funciona musicalmente; quais as emoções que ela traz; e onde estão as notas mais seguras e mais ricas. O seu objetivo será desenvolver um "dicionário musical" de sons em sua mente para que você possa reconhecê-los rapidamente e acompanhar qualquer música. Isso é tão importante quanto aprender as próprias notas.

Por fim, eu também indico três licks úteis para cada escala. Eles estão aqui para que você possa iniciar o caminho das suas próprias descobertas musicais. Aprender esses licks irá ajudá-lo a internalizar o idioma e o sentido musical da escala. Esses licks, tocados sobre as faixas de áudio, também estão disponíveis como arquivos de áudio que você pode baixar gratuitamente. Dessa forma, você pode ouvir como eles devem ser tocados.

Como Usar Este Livro

O conselho mais importante que eu posso lhe dar é este: *não tente aprender tudo de uma vez só!* Se você toca rock ou blues, pode haver algumas escalas que você nunca utilizará. Por exemplo: não é comum ouvir a escala Dominante-Diminuta (Dom-Dim) no rock, mas ela é tocada constantemente no jazz.

Não desperdice meses da sua vida memorizando algo que você não utilizará. Priorize o seu tempo. É melhor aprender uma escala em uma posição e criar música a partir daí do que aprender dez escalas que você nunca utilizará.

Estude apenas uma escala de cada vez.

Você pode querer começar com a escala maior ou com a escala pentatônica menor, uma vez que elas são bastante comuns na música moderna. Para aprender a escala maior nas cinco posições, aqui vai um processo que você pode usar.

Siga estes passos com o metrônomo em 60 bpm: Toque colcheias, ou o que for mais confortável. Busque precisão e não velocidade. Comece escutando o exemplo de áudio, e escolha um som que você goste.

1) Toque e memorize o desenho de acorde destacado no diagrama de escala.

2) Toque o desenho de acode e diga o seu nome em voz alta; então, toque o desenho de escala lentamente, de forma ascendente.

3) Toque o desenho de acode e diga o seu nome em voz alta; então, toque o desenho de escala lentamente, de forma descendente.

4) Toque o desenho de acode e diga o seu nome em voz alta; então, toque o desenho de escala lentamente, de forma ascendente e então descendente.

5) Repita o processo com o padrão de tríade: Toque o desenho de acorde e toque as tríades.

6) Toque o desenho de acorde, toque o padrão de tríade e, então, toque a escala.

7) Repita o processo com o padrão de arpejo. Toque o desenho de acorde e toque as tríades.

8) Toque o desenho de acorde, toque o padrão de tríade, toque o arpejo e então toque a escala.

9) Aprenda o primeiro lick.

10) Toque o desenho de acorde e toque o lick.

11) Repita para todos os três licks.

12) Improvise sobre a faixa de apoio; tente usar os licks em conjunto com os seus próprios improvisos.

13) Repita o processo para os outros quatro padrões de digitação para cada modo.

Sempre se certifique de passar algum tempo improvisando com cada padrão de digitação, e use o diagrama do braço da guitarra completo para ajudá-lo a se locomover entre os desenhos.

Também é muito importante que você troque de tons. Quando tiver aprendido todos os cinco desenhos, experimente este exercício fantástico: prenda a sua mão do braço da guitarra em uma única posição no braço (por exemplo, entre a 5ª e a 8ª casa), e toque sobre os tons de Lá, Dó, Ré, Fá e Sol sem tirar a sua mão dessa área. Ao tocar esses cinco tons em uma posição, você utilizará todos os cinco desenhos de escala de uma vez. É essencial conhecer as notas no braço da guitarra para fazer isso. Lembre-se: os pontos quadrados nos diagramas de escala são as notas tônicas de cada acorde.

Para mais informações e uma visão mais profunda de como tocar facilmente em tons diferentes, veja os meus outros livros **O Sistema CAGED & 100 Licks de Guitarra Blues** e **O Sistema CAGED & 100 Licks de Rock**.

Sem saber qual o tipo de música que você quer tocar, é impossível priorizar uma ordem para você aprender as escalas deste livro. Para a maioria das pessoas, as escalas pentatônicas Maior e Menor serão uma prioridade, assim como os modos da escala Maior. (Maior até o modo Lócrio).

Não é essencial aprender cada escala em cinco posições antes de seguir para a próxima. Se você estiver aprendendo uma música que exija um solo no modo Dórico, então se concentre em aprender esse modo. Sempre mantenha os seus estudos de escala relevantes em relação à música que você está aprendendo. Essa é uma abordagem muito mais orgânica e musical para aprender música.

É perfeitamente aceitável saber apenas um desenho para cada escala. Contanto que você saiba como aplicar a escala, você pode criar sons bonitos e interessantes em apenas uma posição no braço da guitarra.

Para saber mais sobre a aplicação e uso dessas escalas, veja o meu livro **O Guia Prático de Teoria Musical Moderna para Guitarristas**.

A Escala Maior (Modo Jônico)

Fórmula 1 2 3 4 5 6 7

Em uma frase: Feliz e triunfante.

A escala maior (ou modo Jônico) tem sido uma parte fundamental da música ocidental pelos últimos 800 anos, e tem sido usada para construir a maioria das melodias e harmonias que ouvimos todos os dias. A maioria dos acordes utilizadas na música popular e clássica deriva da escala maior.

A escala maior é a escala *pai* dos modos maiores, que formam a maioria das tonalidades utilizadas para tocar guitarra hoje em dia. Sua fórmula (1 2 3 4 5 6 7) é a base para descrever *todas* as outras escalas. Em outras palavras, ao aumentar (#) ou diminuir (b) notas individuais, nós podemos descrever novas escalas. Por exemplo: a fórmula do modo Mixolídio é 1 2 3 4 5 6 b7. Nós podemos ver que o modo Mixolídio é idêntico à escala maior, com exceção da 7ª bemol.

Geralmente, a escala maior oferece um som claro, vivo e brilhante.

Alguns exemplos de melodias que utilizam a escala maior são:

Brilha Brilha Estrelinha (na verdade, a maioria das cirandas é baseada na escala maior)

I Don't Wanna Miss a Thing - Aerosmith

Cliffs of Dover - Eric Johnson

Todos os arquivos de áudio deste livro estão disponíveis para download em

www.fundamental-changes.com/audio-downloads

Desenhos da Escala Maior de Dó

C Major Shape 1

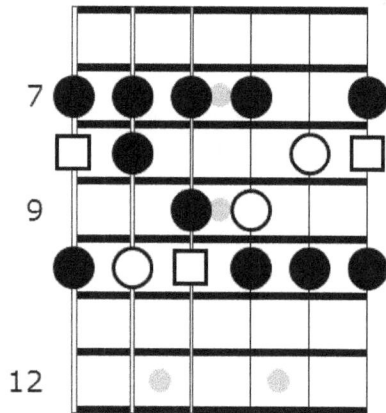

C Major Shape 2

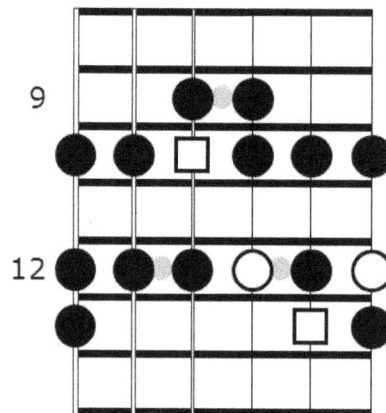

C Major Shape 3

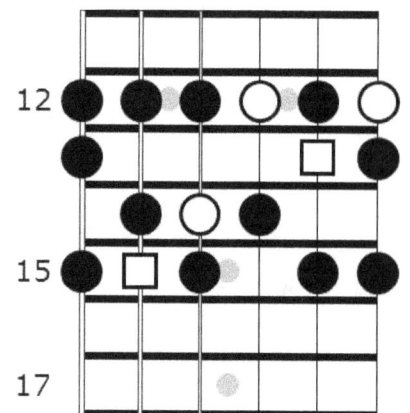

C Major Shape 4

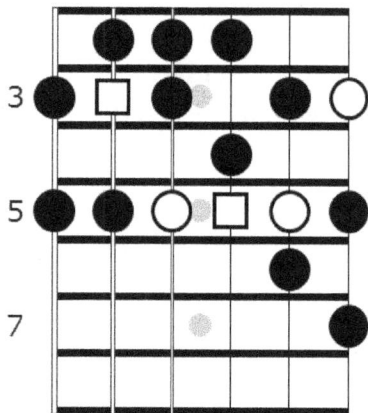

C Major Shape 5

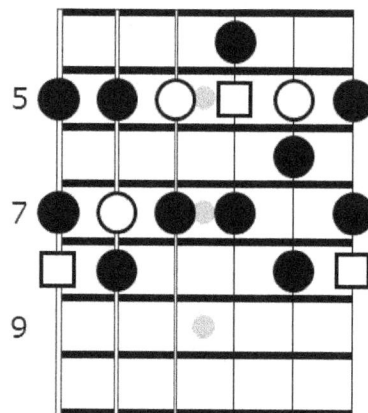

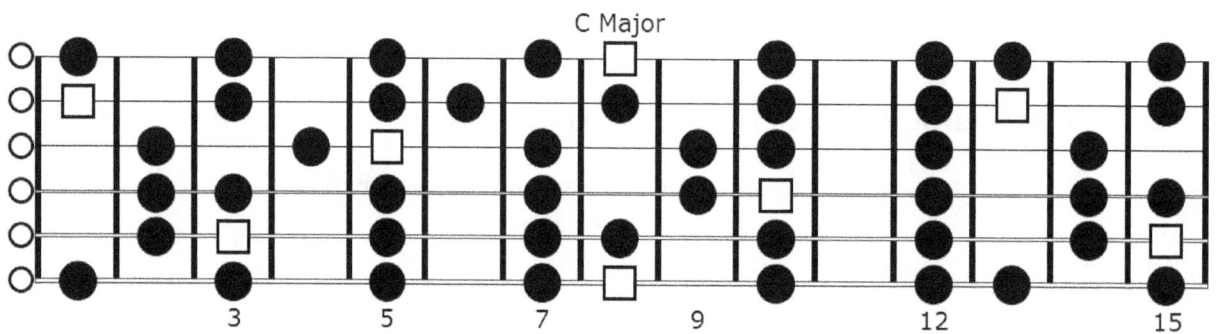

C Major

Desenhos de Tríades e Arpejos de Dó Maior

Tríades

C Major Triad Shape 1

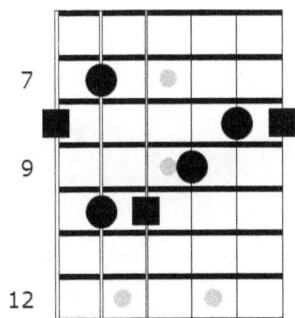

C Major Triad Shape 2

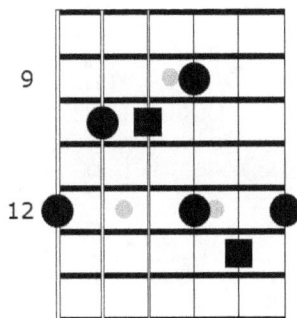

C Major Triad Shape 3

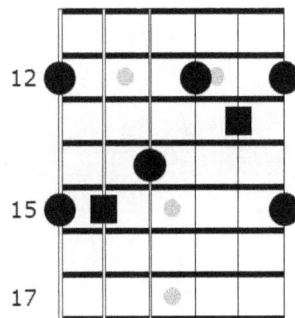

C Major Triad Shape 4

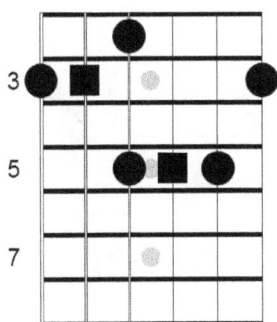

C Major Triad Shape 5

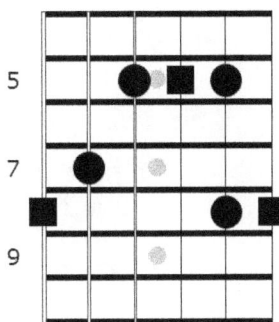

Arpejos

C Major 7 Shape 1

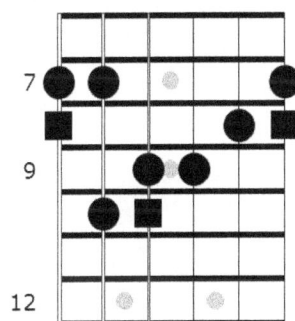

C Major 7 Shape 2

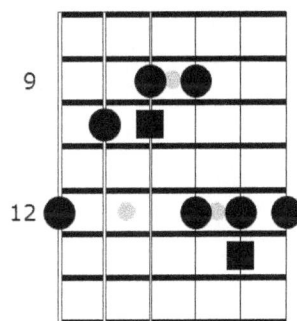

C Major 7 Shape 3

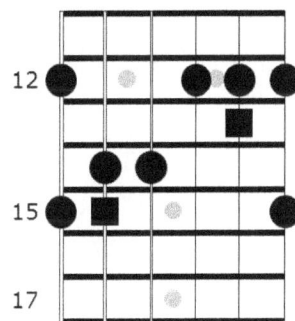

C Major 7 Shape 4

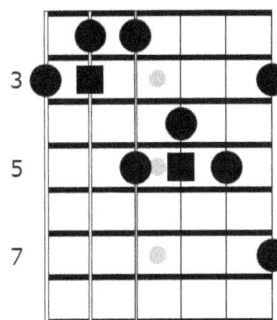

C Major 7 Shape 5

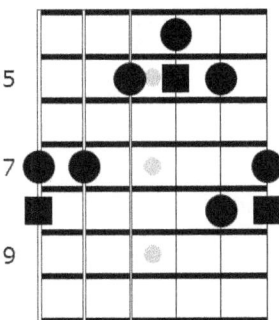

Progressões Comuns de Acordes

Faixa de Apoio Maior 1:

Faixa de Apoio Maior 2:

Faixa de Apoio Maior 3:

Licks Úteis

Lick 1 na Escala Maior:

Lick 2 na Escala Maior:

Lick 3 na Escala Maior:

O Modo Dórico

C Dorian

Fórmula 1 2 b3 4 5 6 b7

Escala Originária: Maior

Modo: 2

Em uma frase: Leve, funkeado e relaxado.

So What – Miles Davis

Billie Jean – Michael Jackson

Tender Surrender – Steve Vai (com algumas mudanças de tom para modos relacionados)

O modo Dórico cria uma sensação descontraída e relaxada, sendo muito utilizado em solos de rocks mais lentos, funk e jazz. Ele é escutado nas seções principais de "Maiden Voyage" (Herbie Hancock), "Eleanor Rigby" (The Beatles) e Paradise (Coldplay).

Ele também é utilizado no rock moderno e no blues (como na seção intermediária de "Stairway to Heaven", do Led Zeppelin), além de ser um dos modos menores mais comumente utilizados.

Desenhos da Escala Dórica de Dó

C Dorian Shape 1

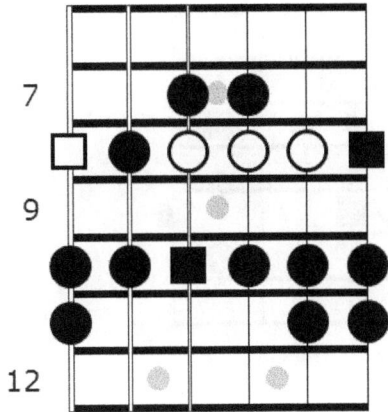

C Dorian Shape 2

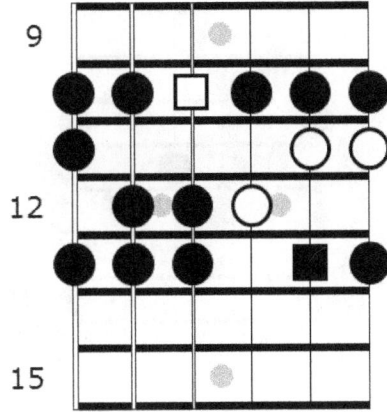

C Dorian Shape 3

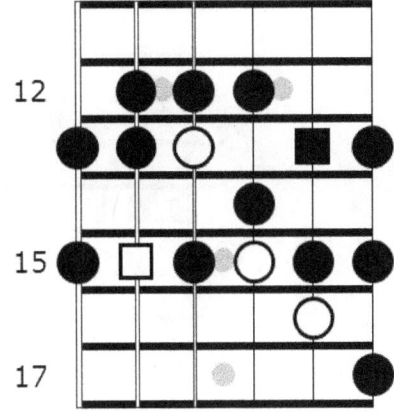

C Dorian Shape 4

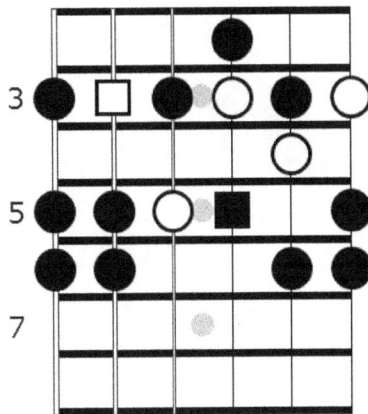

C Dorian Shape 5

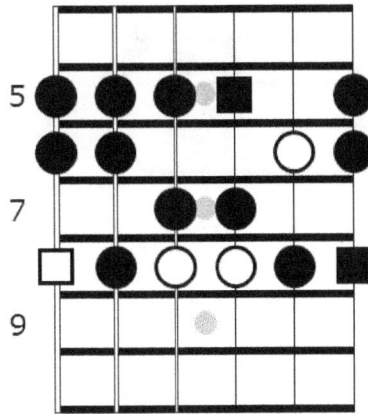

C Dorian

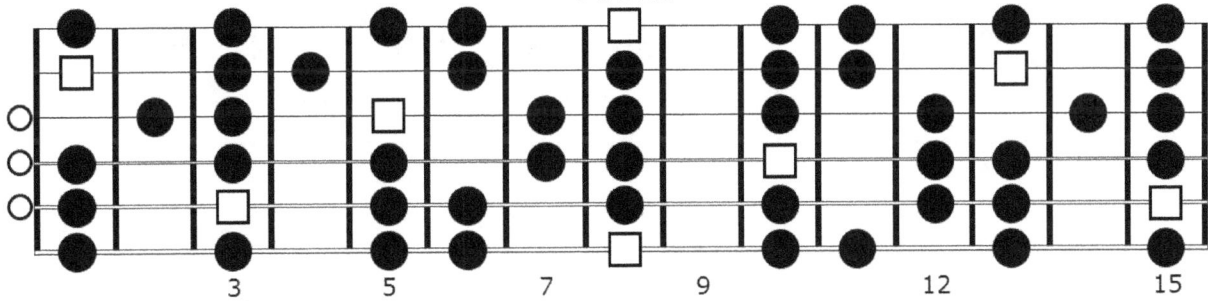

Desenhos de Tríades e Arpejos de Dó Dórico

Tríades

Cm Triad Shape 1 Cm Triad Shape 2 Cm Triad Shape 3

Cm Triad Shape 4 Cm Triad Shape 5

Arpejos

Cm7 Shape 1 Cm7 Shape 2 Cm7 Shape 3

Cm7 Shape 4 Cm7 Shape 5

Progressões Comuns de Acordes

Faixa de Apoio Dórica 1:

Faixa de Apoio Dórica 2:

Faixa de Apoio Dórica 3:

Licks Úteis

Lick 1 na Escala Dórica:

Lick 2 na Escala Dórica:

Lick 3 na Escala Dórica:

O Modo Frígio

Fórmula 1 b2 b3 4 5 b6 b7

Escala Originária: Maior

Modo: 3

Em uma frase: **Espanhol e obscuro.**

War – Joe Satriani

Wherever I May Roam – Metallica

O modo Frígio possui uma sonoridade sombria, com um sabor meio "espanhol", bastante popular entre músicos como Chick Corea e Al Di Meola. Ele às vezes é usado em um som mais pesado de rock, e pode ser ouvido em várias músicas do Metallica.

O modo Frígio é praticamente idêntico ao modo Eólico. A diferença é que o Frígio contém um intervalo b2. Esse intervalo b2 é responsável pelo "sabor espanhol".

Desenhos da Escala Frígia de Dó

C Phrygian Shape 1
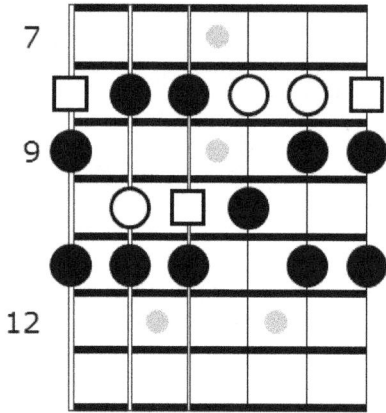

C Phrygian Shape 2
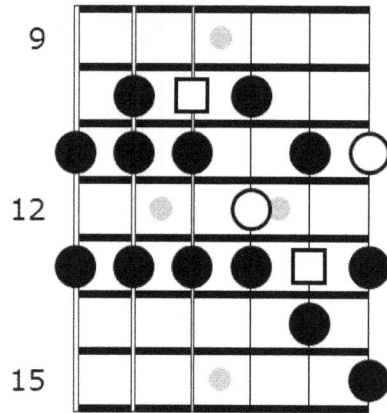

C Phrygian Shape 3
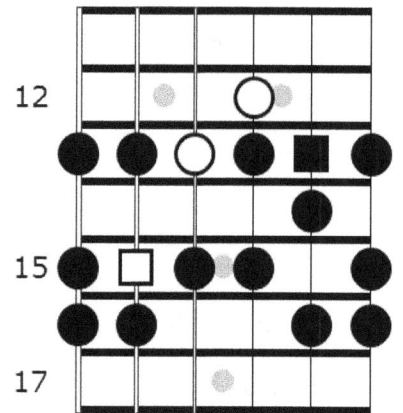

C Phrygian Shape 4
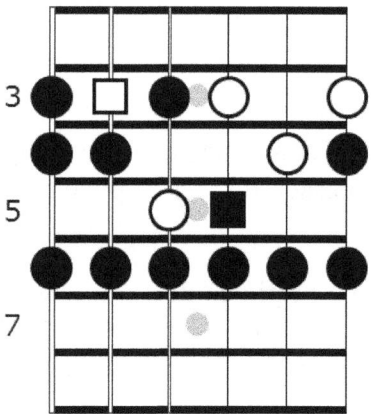

C Phrygian Shape 5
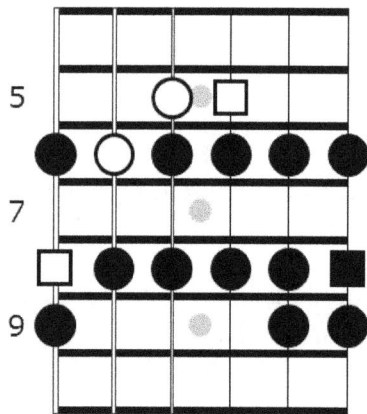

C Phrygian

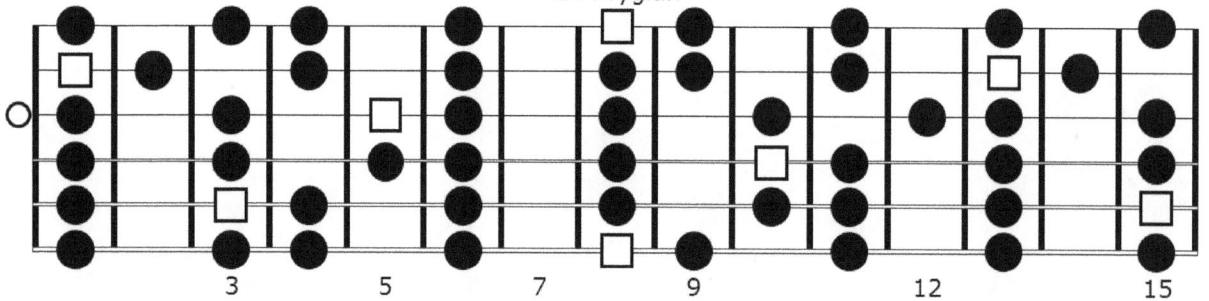

Desenhos de Tríades e Arpejos de Dó Frígio

Tríades

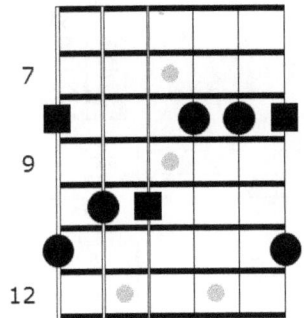

Cm Triad Shape 1

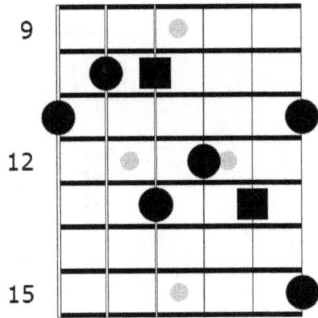

Cm Triad Shape 2

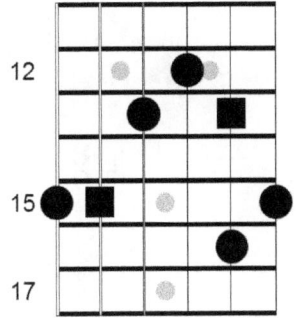

Cm Triad Shape 3

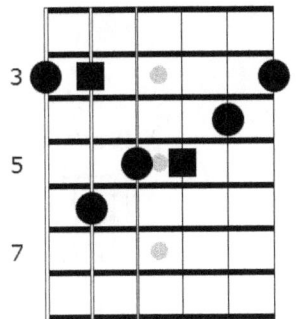

Cm Triad Shape 4

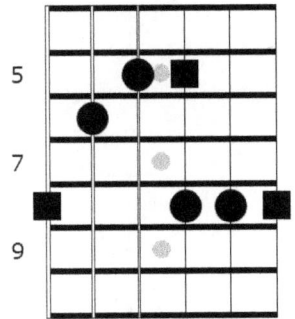

Cm Triad Shape 5

Arpejos

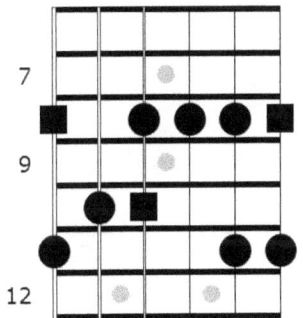

Cm7 Shape 1

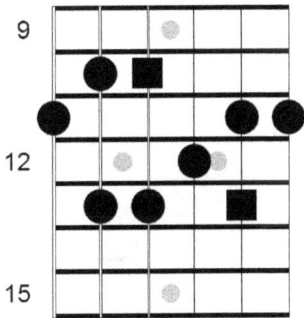

Cm7 Shape 2

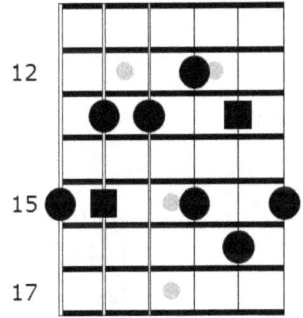

Cm7 Shape 3

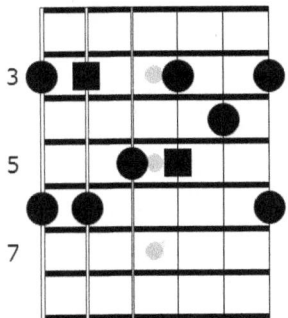

Cm7 Shape 4

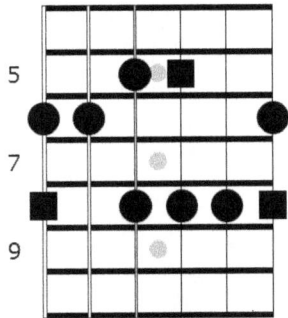

Cm7 Shape 5

Progressões Comuns de Acordes

Faixa de Apoio Frígia 1:

Faixa de Apoio Frígia 2:

Faixa de Apoio Frígia 3:

Licks Úteis

Lick 1 na Escala Frígia:

Lick 2 na Escala Frígia:

Lick 3 na Escala Frígia:

O Modo Lídio

C Lydian

Fórmula 1 2 3 #4 5 6 7

Escala Originária: Maior

Modo: 4

Em uma frase: Místico e etéreo.

Flying in a Blue Dream – Joe Satriani

How I Miss You – Foo Fighters

The introduction to **Hole Hearted** – Extreme

O modo Lídio possui uma sonoridade Maior, com uma diferença fundamental entre a escala Maior tradicional: o 4º grau da escala é aumentado em um semitom. Essa alteração aparentemente mínima na escala Maior cria uma sonoridade "de outro mundo", e tem sido usada com grandes resultados e efeitos por músicos como Frank Zappa e Danny Elfman.

Ele é comum em baladas de rock, sendo utilizado para criar uma sensação poderosa e majestosa.

Desenhos da Escala Lídia de Dó

C Lydian Shape 1

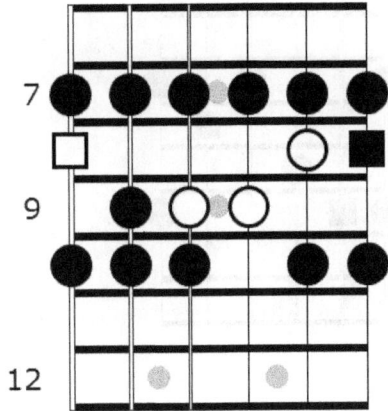

C Lydian Shape 2

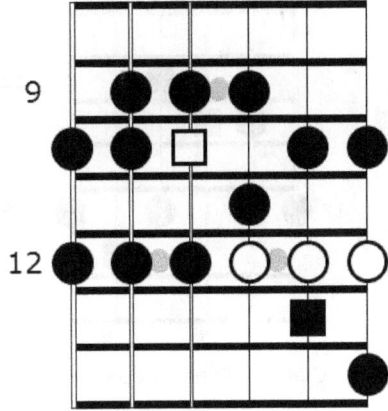

C Lydian Shape 3

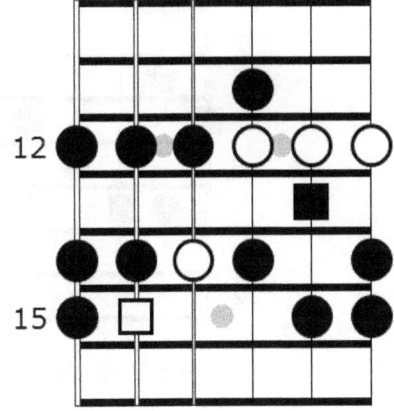

C Lydian Shape 4

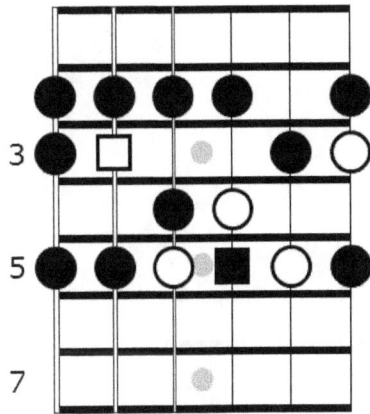

C Lydian Shape 5

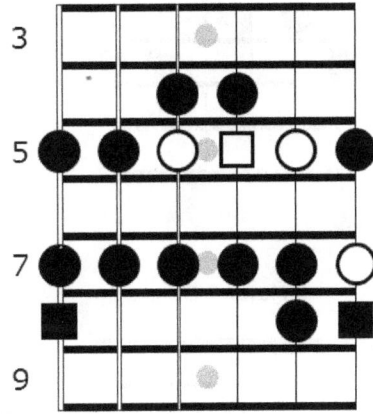

C Lydian

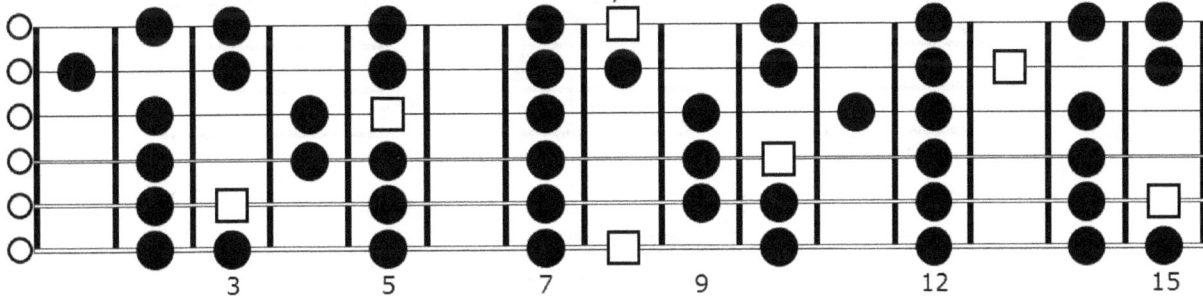

Desenhos de Tríades e Arpejos de Dó Lídio

Tríades

C Major Triad Shape 1

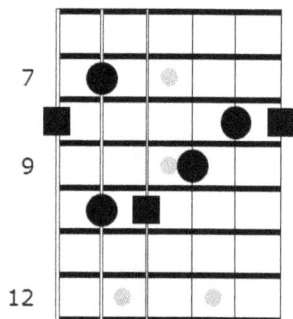

C Major Triad Shape 2

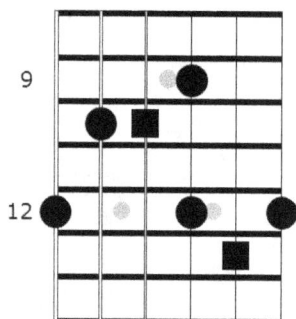

C Major Triad Shape 3

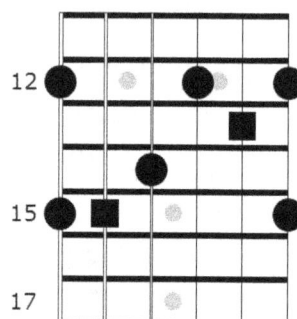

C Major Triad Shape 4

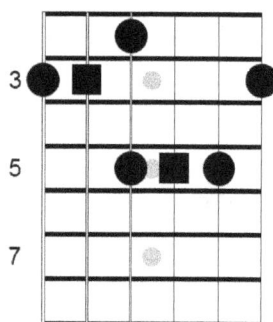

C Major Triad Shape 5

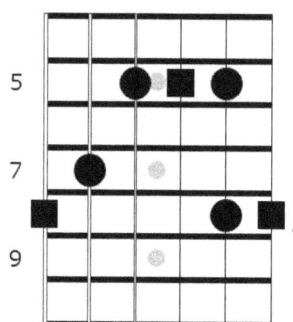

Arpejos

C Major 7 Shape 1

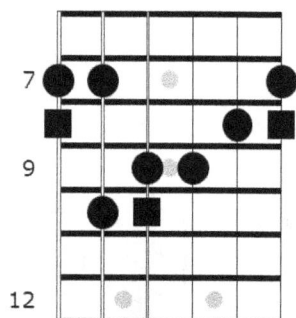

C Major 7 Shape 2

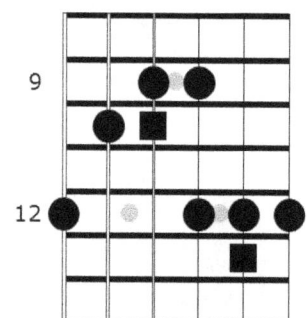

C Major 7 Shape 3

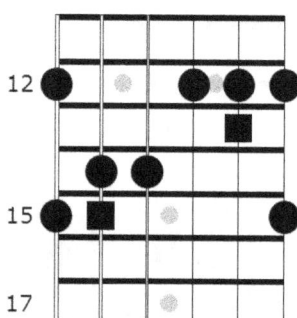

C Major 7 Shape 4

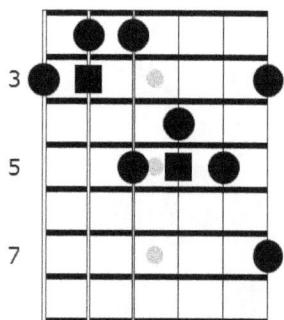

C Major 7 Shape 5

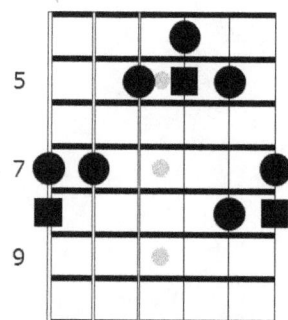

Progressões Comuns de Acordes

Faixa de Apoio Lídia 1:

Faixa de Apoio Lídia 2:

Faixa de Apoio Lídia 3:

Licks Úteis

Lick 1 na Escala Lídia:

Lick 2 na Escala Lídia:

Lick 3 na Escala Lídia:

O Modo Mixolídio

C Mixolydian

Fórmula 1 2 3 4 5 6 b7

Em uma frase: Brilhante e blueseiro.

Escala Originária: Maior

Modo: 5

More than a Feeling - Journey

Summer Song – Joe Satriani

Sweet Child 'O' Mine – Guns N' Roses

O modo Mixolídio é geralmente combinado com as escalas Pentatônicas Maior e Menor. Ele é ouvido com frequência em solos de guitarra blues, rock e country, sendo muito utilizado por guitarristas como Derek Trucks, os Allman Brothers e Stevie Ray Vaughan. Se você estiver ouvindo um blues de 12 compassos e o "humor" do som for de menor para maior, saiba que isso é geralmente feito usando uma escala pentatônica maior ou o modo Mixolídio.

O modo Mixolídio é quase idêntico à escala Maior. A diferença é que o Mixolídio contém um intervalo b7, que tira um pouco do brilho característico escala Maior pura. Ao "escurecer" o brilho da escala Maior, o modo Mixolídio se torna mais adequado para rocks e blues mais acelerados.

Desenhos da Escala Mixolídia de Dó

C Mixolydian Shape 1

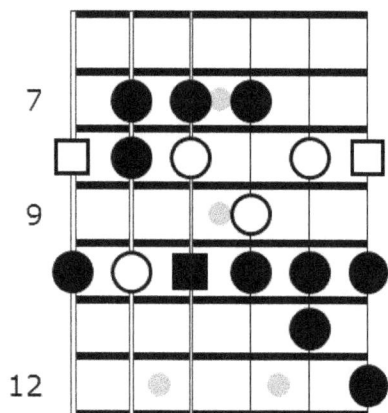

C Mixolydian Shape 2

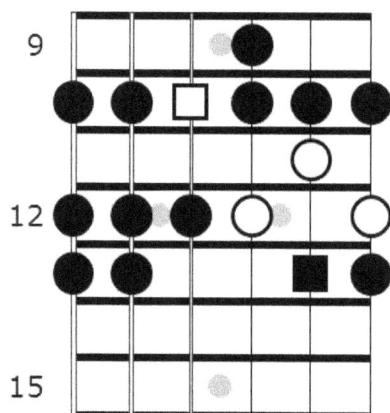

C Mixolydian Shape 3

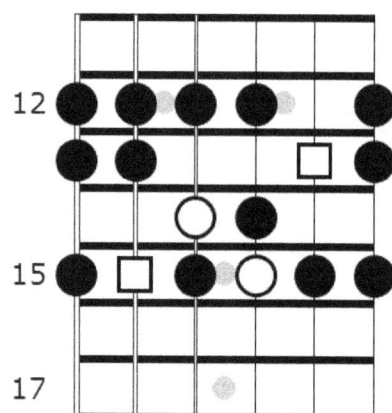

C Mixolydian Shape 4

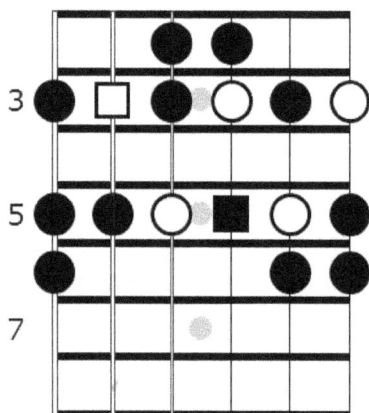

C Mixolydian Shape 5

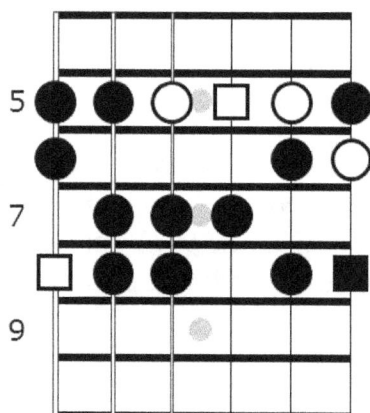

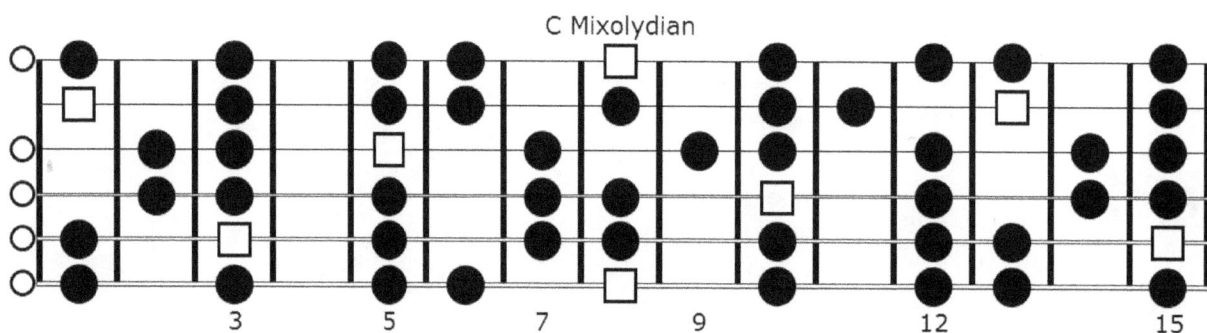

C Mixolydian

Desenhos de Tríades e Arpejos de Dó Mixolídio

Tríades

C Major Triad Shape 1
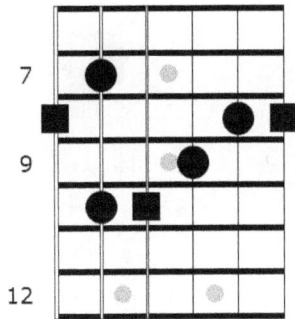

C Major Triad Shape 2
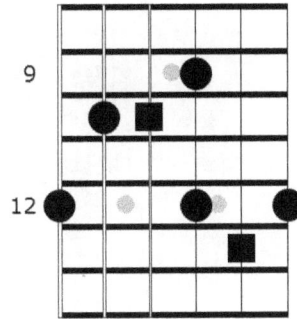

C Major Triad Shape 3
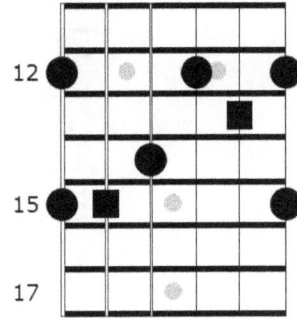

C Major Triad Shape 4
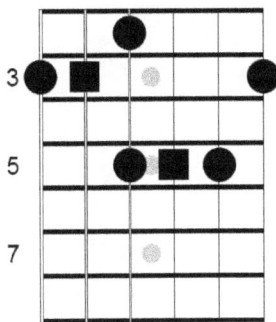

C Major Triad Shape 5
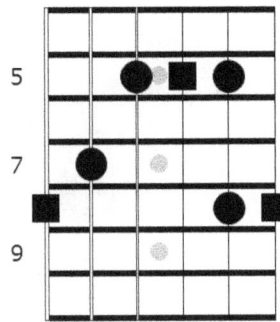

Arpejos

C7 Shape 1
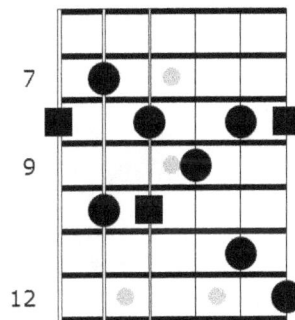

C7 Shape 2
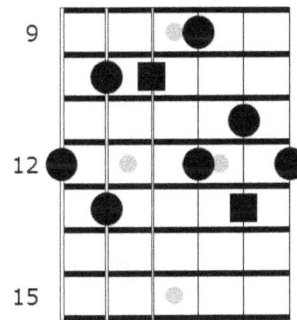

C7 Shape 3
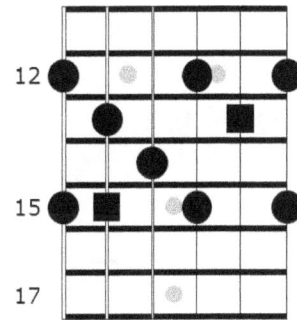

C7 Shape 4
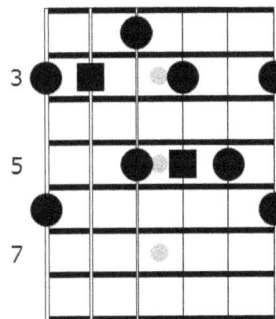

C7 Shape 5
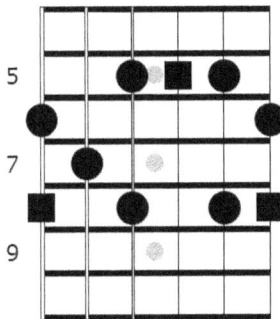

Progressões Comuns de Acordes

Faixa de Apoio Mixolídia 1:

Faixa de Apoio Mixolídia 2:

Faixa de Apoio Mixolídia 3:

Licks Úteis

Lick 1 na Escala Mixolídia:

Lick 2 na Escala Mixolídia:

Lick 3 na Escala Mixolídia:

O Modo Eólico

C Aeolian

Fórmula 1 2 b3 4 5 b6 b7

Em uma frase: Agourento e poderoso.

Escala Originária: Maior

Modo: 6

Still Got the Blues – Gary Moore

Europa – Carlos Santana

All Along the Watchtower – Bob Dylan

O modo Eólio é, provavelmente, o modo mais utilizado no rock pesado e no heavy metal. Ele é um modo Menor por natureza, uma vez que contém um intervalo b3, mas a inserção do intervalo b6 cria um som mais escuro e pesado do que o modo Dórico.

O modo Eólio também é usado em jazz e blues de tonalidade menor.

Algumas músicas de rock moderno também usam o modo Eólio. Um exemplo clássico é "Empty Rooms", do Gary Moore.

Desenhos da Escala Eólia de Dó

C Aeolian Shape 1
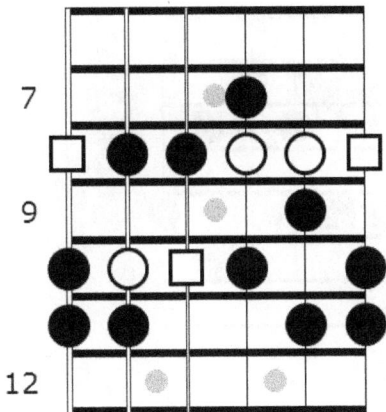

C Aeolian Shape 2
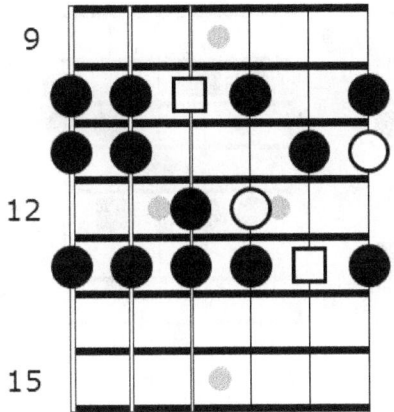

C Aeolian Shape 3
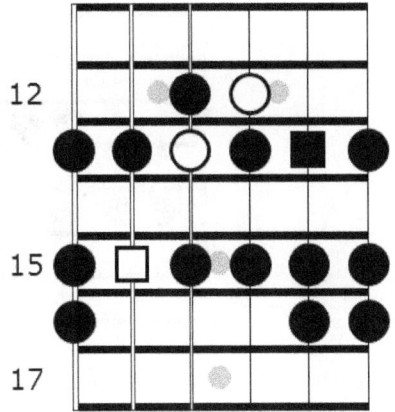

C Aeolian Shape 4
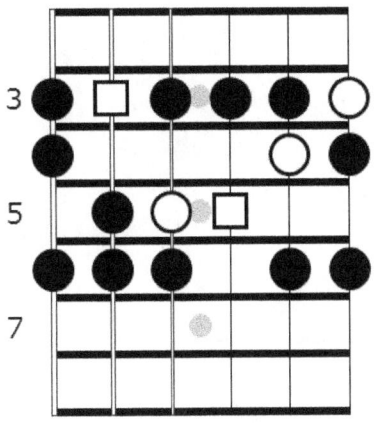

C Aeolian Shape 5
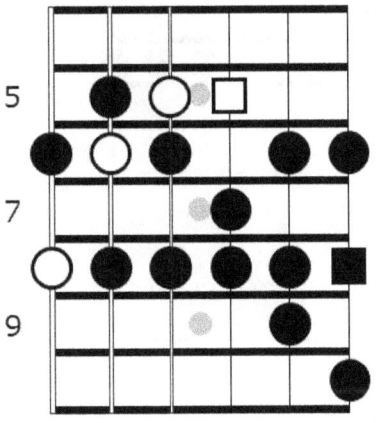

C Aeolian
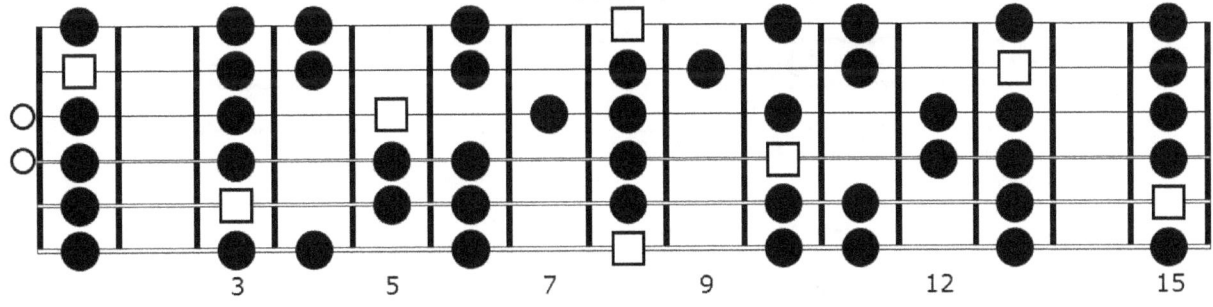

Desenhos de Tríades e Arpejos de Dó Eólio

Tríades

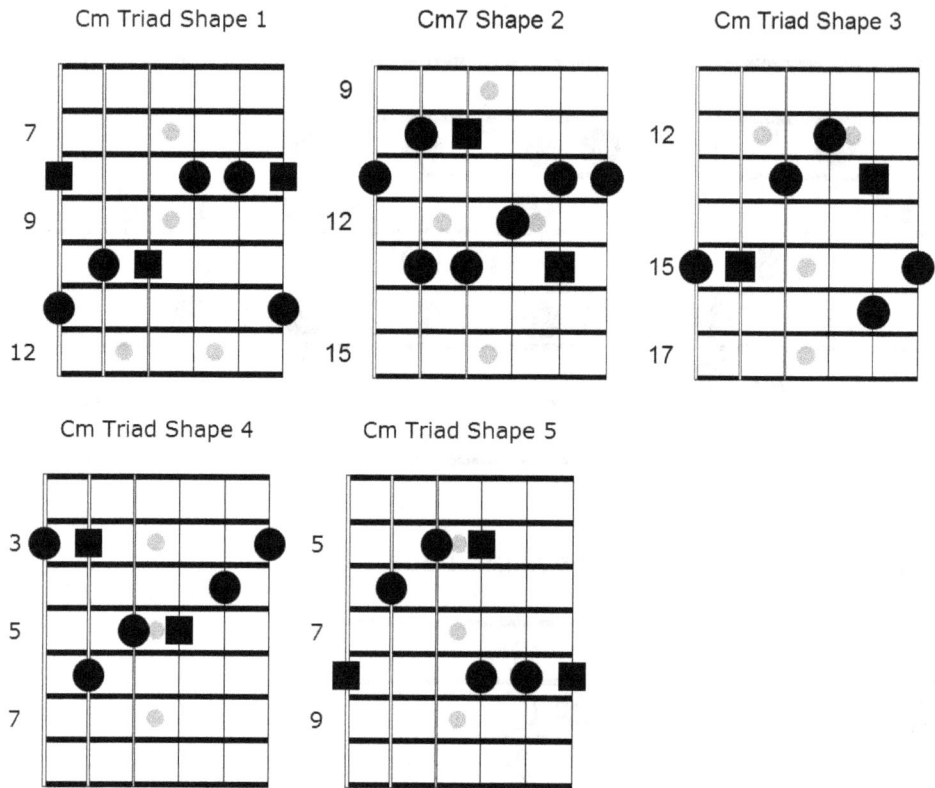

Arpejos

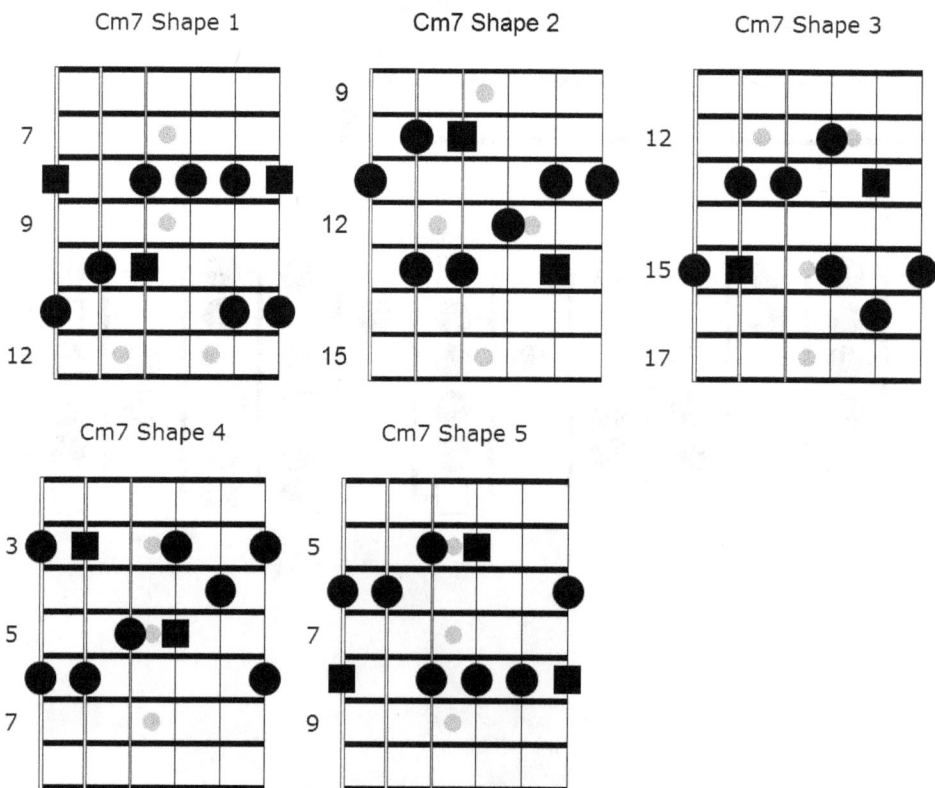

Progressões Comuns de Acordes

Faixa de Apoio Eólio 1:

Faixa de Apoio Eólio 2:

Faixa de Apoio Eólio 3:

Licks Úteis

Lick 1 na Escala Eólio:

Lick 2 na Escala Eólio:

Lick 3 na Escala Eólio:

O Modo Lócrio

Fórmula 1 b2 b3 4 b5 b6 b7

Escala Originária: Maior

Modo: 7

Em uma frase: Escuro, sujo, dissonante e agressivo.

O modo Lócrio é usado raramente na música popular, mas se encaixa perfeitamente em solos mais pesados, principalmente em death metal. Inesperadamente, também é um dos modos mais utilizados no jazz, geralmente aparecendo sobre um acorde m7b5.

Com exceção da 4ª nota, todos os intervalos do modo Lócrio são sustenidos, o que deixa esse modo o mais longe possível da escala Maior. Entretanto, como nossos ouvidos estão acostumados com as melodias e harmonias da escala Maior, nós geralmente caímos no truque de reorganizar subconscientemente as progressões de acorde que nós ouvimos como progressões da escala Maior.

No heavy metal, o modo Lócrio geralmente é tocado sobre power acordes com uma nota b5 para manter a harmonia simples e deixar a melodia da escala definir a tonalidade.

Desenhos da Escala Lócria de Dó

C Locrian Shape 1

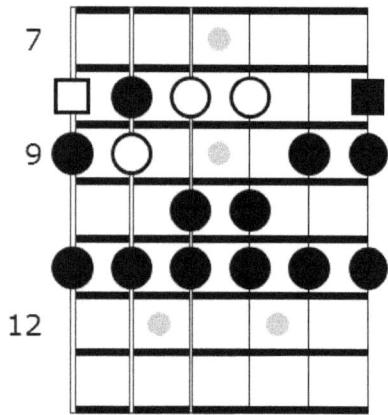

C Locrian Shape 2

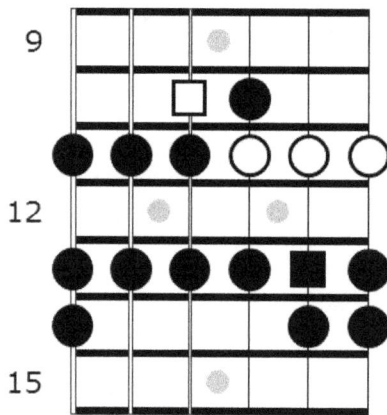

C Locrian Shape 3

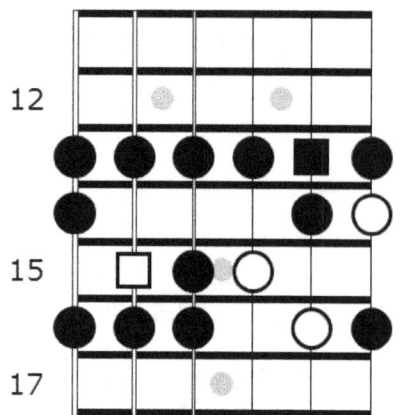

C Locrian Shape 4

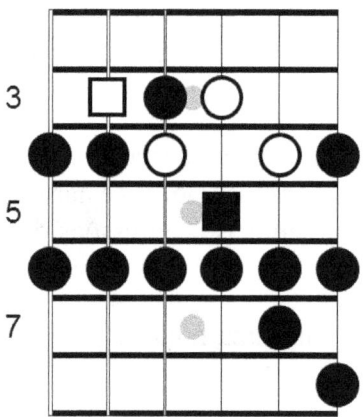

C Locrian Shape 5

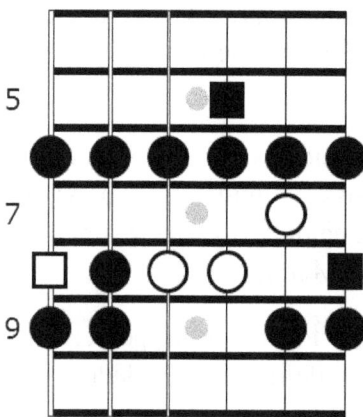

C Locrian

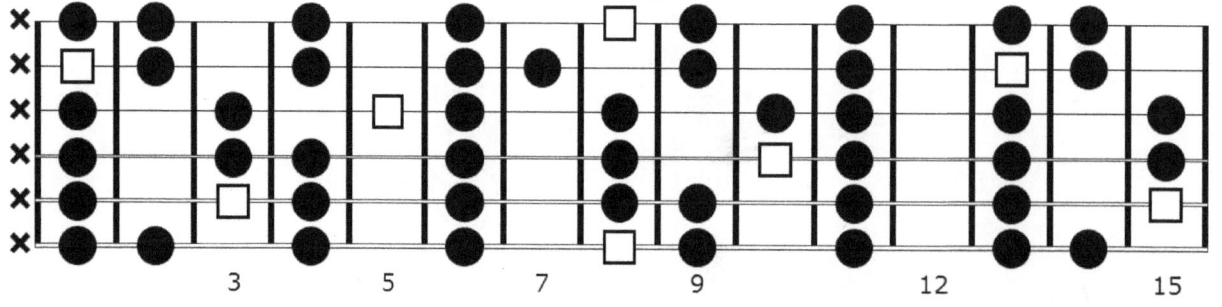

Desenhos de Tríades e Arpejos de Dó Lócrio

Tríades

Cmb5 Triad Shape 1

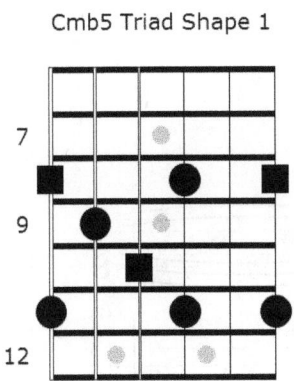

Cmb5 Triad Shape 2

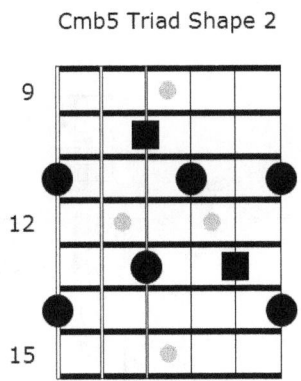

Cmb5 Triad Shape 3

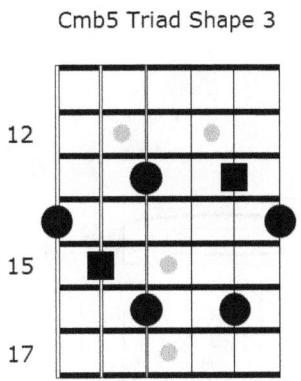

Cmb5 Triad Shape 4

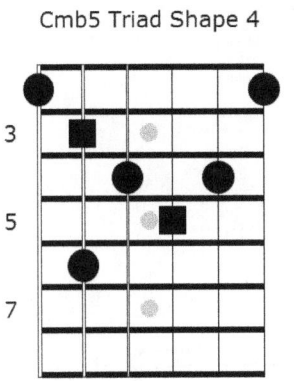

Cmb5 Triad Shape 5

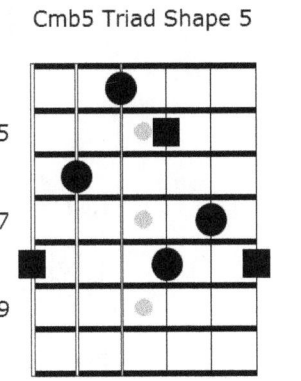

Arpejos

Cm7b5 Shape 1

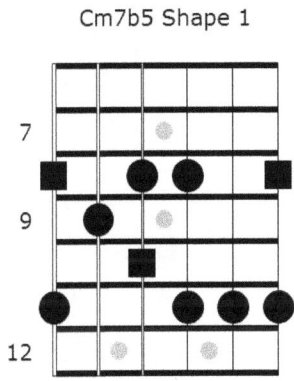

Cm7b5 Shape 2

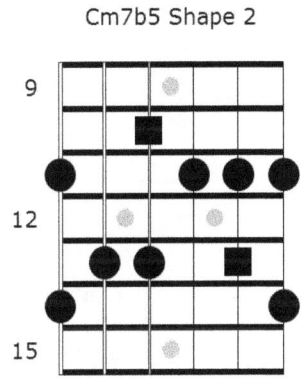

Cm7b5 Shape 3

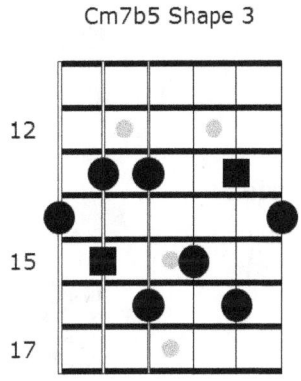

Cm7b5 Shape 4

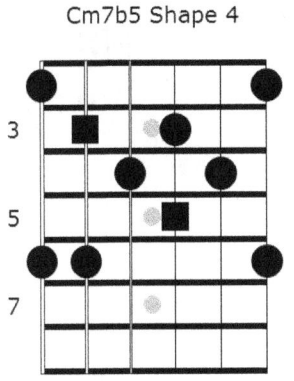

Cm7b5 Shape 5

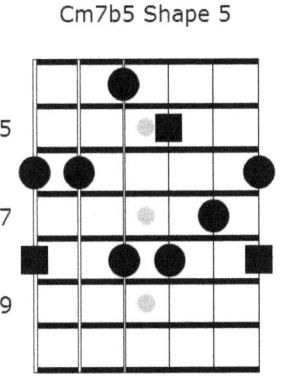

Progressões Comuns de Acordes

Faixa de Apoio Lócria 1:

Faixa de Apoio Lócria 2:

Faixa de Apoio Lócria 3:

Licks Úteis

Lick 1 na Escala Lócria:

Lick 2 na Escala Lócria:

Lick 3 na Escala Lócria:

A Escala Pentatônica Menor (Blues)

C Blues

Fórmula 1 b3 4 (b5) 5 b7

Em uma frase: O som essencial do rock e do blues.

A escala Pentatônica Menor (blues) é uma escala onipresente na guitarra elétrica moderna. Eu estimaria que 80% dos solos de rock clássico são baseados nessa escala.

Geralmente, a escala Pentatônica Menor é a primeira escala que guitarristas iniciantes aprendem - e com razão. Ela é instantaneamente acessível, fácil de lembrar e nos remete imediatamente a alguns dos licks de guitarra mais clássicos que nós conseguimos nos lembrar.

Essencialmente, a escala Pentatônica Menor é o som do blues e do rock. Ela pode ser tocada sobre tons maiores e menores e é extremamente versátil.

A escala blues é criada adicionando uma nota b5 extra à escala pentatônica padrão. A nota extra b5 (ou nota "blues") adiciona uma sonoridade mais triste e blueseira à escala.

A escala Pentatônica Menor é, literalmente, usada por todo mundo em algum momento, então não há motivo em apontar alguns de seus protagonistas. Lightnin' Hopinks, Jimi Hendrix, Jimmy Page, Eric Johnson e Paul Gilbert são excelentes exemplos de músicos que já utilizaram a escala Pentatônica Menor de diferentes formas.

Desenhos da Escala Pentatônica Menor de Dó

C Minor Pentatonic Shape 1

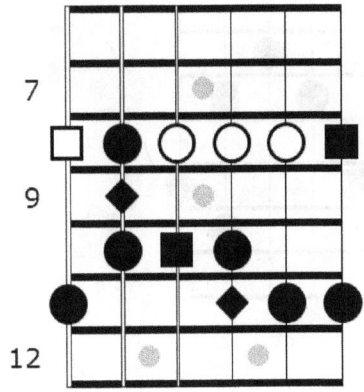

C Minor Pentatonic Shape 2

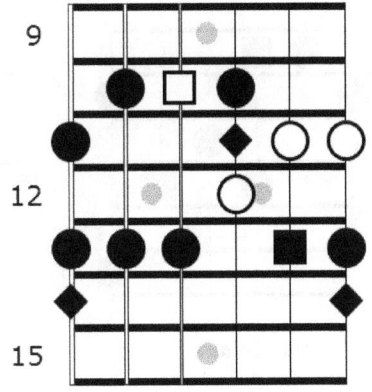

C Minor Pentatonic Shape 3

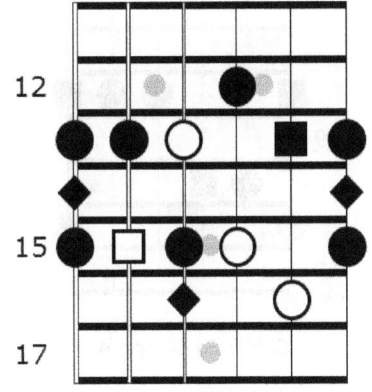

C Minor Pentatonic Shape 4

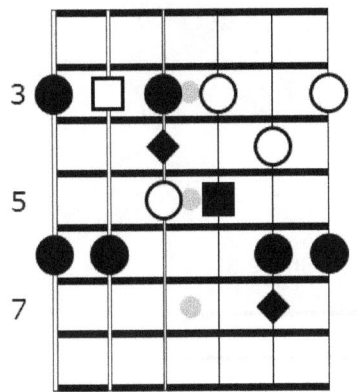

C Minor Pentatonic Shape 5

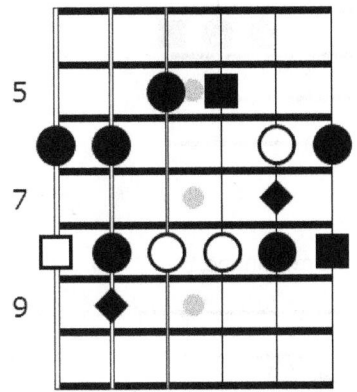

C Minor Pentatonic / Blues

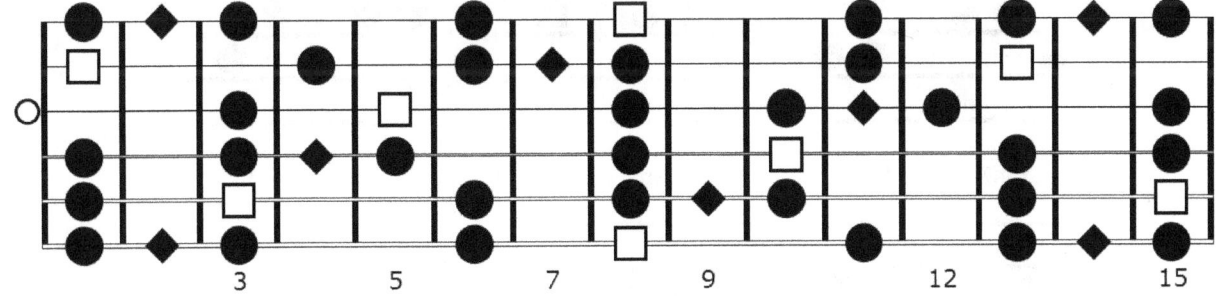

Desenhos de Tríades e Arpejos da Pentatônica Menor de Dó

Tríades

Cm Triad Shape 1

Cm Triad Shape 2

Cm Triad Shape 3

Cm Triad Shape 4

Cm Triad Shape 5

Arpejos

Cm7 Shape 1

Cm7 Shape 2

Cm7 Shape 3

Cm7 Shape 4

Cm7 Shape 5

Progressões Comuns de Acordes

Faixa de Apoio em Pentatônica Menor 1:

Faixa de Apoio em Pentatônica Menor 2:

Faixa de Apoio em Pentatônica Menor 3:

Licks Úteis

Lick 1 na Escala Pentatônica Menor:

Lick 2 na Escala Pentatônica Menor:

Lick 3 na Escala Pentatônica Menor:

A Escala Pentatônica Maior (Blues)

C Major Pentatonic

Fórmula 1 2 (b3) 3 5 6

Em uma frase: Blues brilhantes e bonitos.

A escala Pentatônica Maior é praticamente tão usada na música moderna quanto a sua prima Menor, mas o som mais alegre da Pentatônica Maior é geralmente usado em conjunto com a Pentatônica Menor para alegrar a música.

A Escala Pentatônica Maior Blues inclui um intervalo b3 adicional, que leva o som brilhante e feliz da escala pentatônica maior a um território mais jazz.

As digitações das escalas blues Maior e Menor são idênticas. Por isso, a escala blues Maior às vezes é vista como a mesma coisa que a escala Pentatônica Menor, apenas começando três casas mais abaixo.

Stevie Ray Vaughan e Jimi Hendrix eram mestres em combinar as escalas Pentatônica Maior e Menor para criar emoções ricas e complexas em seus solos.

Desenhos da Escala Pentatônica Maior de Dó

C Major Pentatonic Shape 1

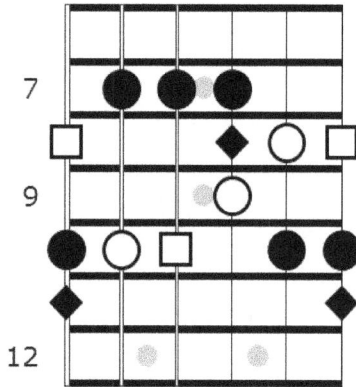

C Major Pentatonic Shape 2

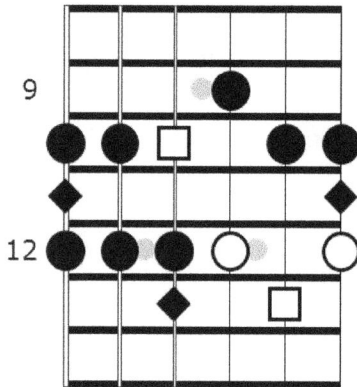

C Major Pentatonic Shape 3

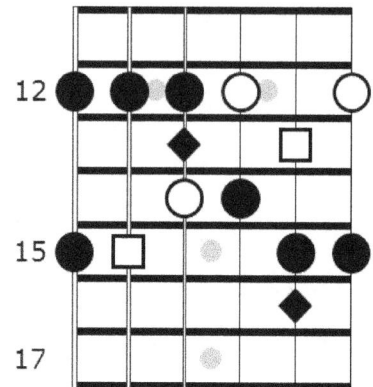

C Major Pentatonic Shape 4

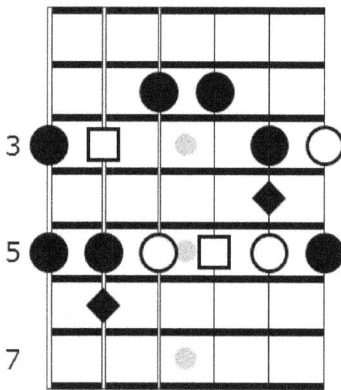

C Major Pentatonic Shape 5

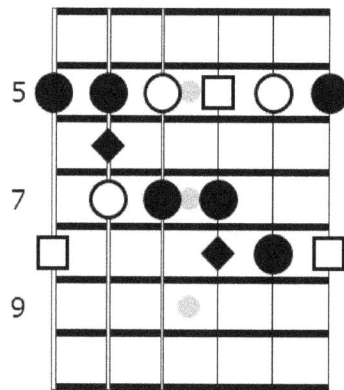

C Major Pentatonic / Blues

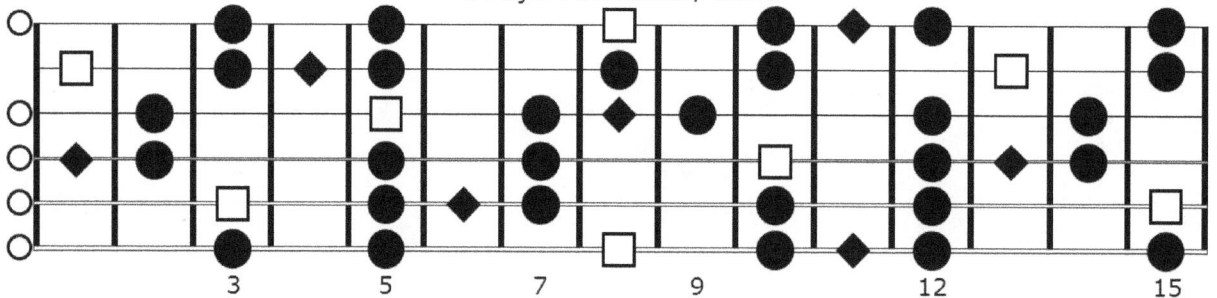

Desenhos de Tríades e Arpejos da Pentatônica Maior de Dó

Tríades

C Major Triad Shape 1

C Major Triad Shape 2

C Major Triad Shape 3

C Major Triad Shape 4

C Major Triad Shape 5

Arpejos

Apesar de você poder tocar um arpejo de 6ª maior junto com a pentatônica maior, ele é tão semelhante à escala original que não há muita razão em usar o arpejo nesse contexto.

Progressões Comuns de Acordes

Faixa de Apoio em Pentatônica Maior 1:

Faixa de Apoio em Pentatônica Maior 2:

Faixa de Apoio em Pentatônica Maior 3:

Licks Úteis

Lick 1 na Escala Pentatônica Maior:

Lick 2 na Escala Pentatônica Maior:

Lick 3 na Escala Pentatônica Maior:

O Modo Menor Melódico

C Melodic Minor

Fórmula 1 2 b3 4 5 6 7

Em uma frase: Jazzístico, rico e complexo.

O modo Menor Melódico é uma das escalas Menores usadas com mais frequência na música clássica e no jazz. Ela possui uma qualidade rica e profunda que transcende gêneros musicais. A versão do modo Menor Melódico mostrada neste livro seria mais precisamente descrita como uma escala Menor "Jazz", ou uma escala Jônica b3, porque a escala Menor Melódica tradicional da música clássica é construída de um jeito diferente, dependendo do jeito como é tocada (se subindo ou descendo).

A versão clássica da escala Menor Melódica sobe da forma mostrada acima, mas ela desce de volta para a nota tônica usando o modo Eólio. A maioria dos músicos modernos não diferencia as versões ascendentes e descendentes do modo Menor Melódico, e normalmente sobem e descem usando o mesmo padrão acima.

Como mencionado, a escala Menor Melódica, nesse contexto, pode ser mais bem referida como uma escala Jônica b3; ela é idêntica à escala Jônica (Maior), mas possui um intervalo b3, ao invés de uma 3ª maior.

Desenhos da Escala Melódica Menor de Dó

C Melodic Minor Shape 1

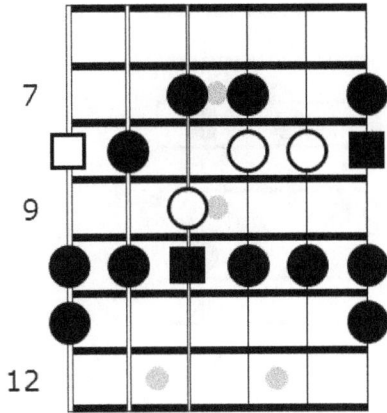

C Melodic Minor Shape 2

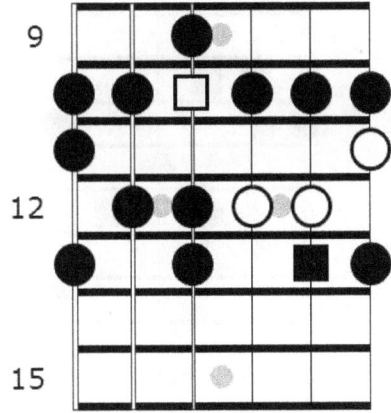

C Melodic Minor Shape 3

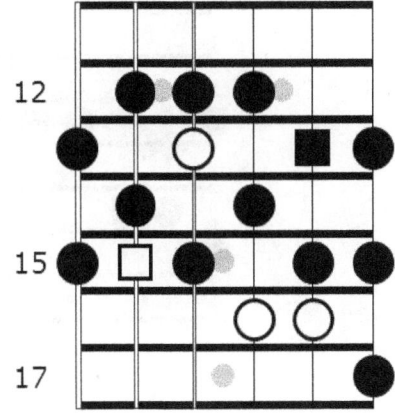

C Melodic Minor Shape 4

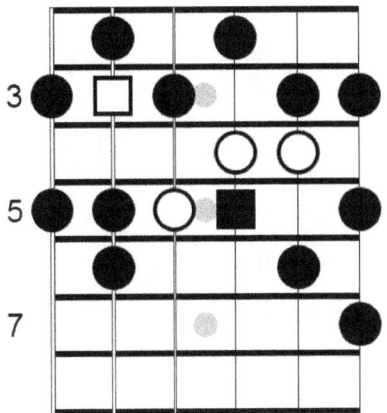

C Melodic Minor Shape 5

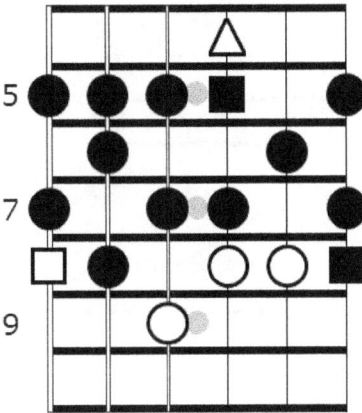

C Melodic Minor

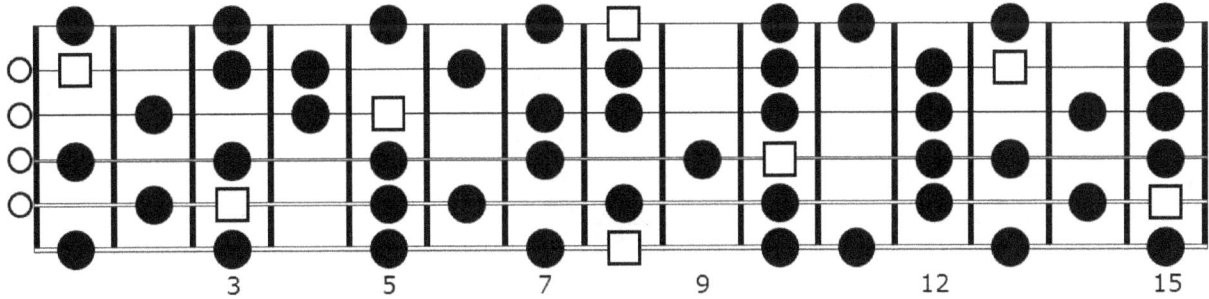

Desenhos de Tríades e Arpejos de Dó Melódico Menor

Tríades

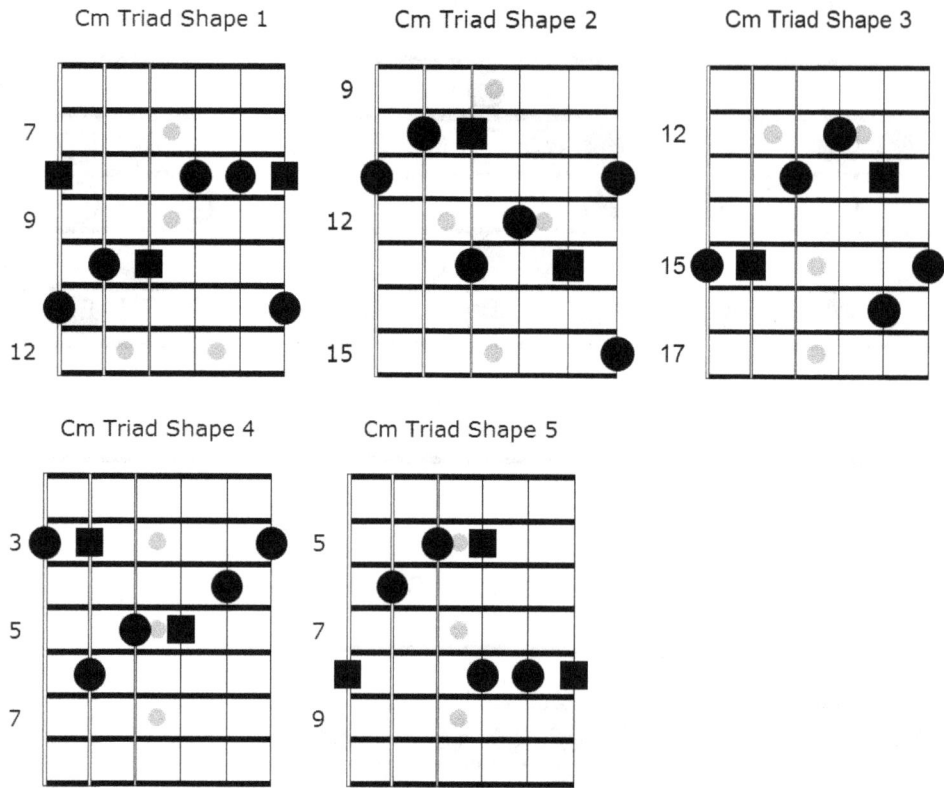

Arpejos

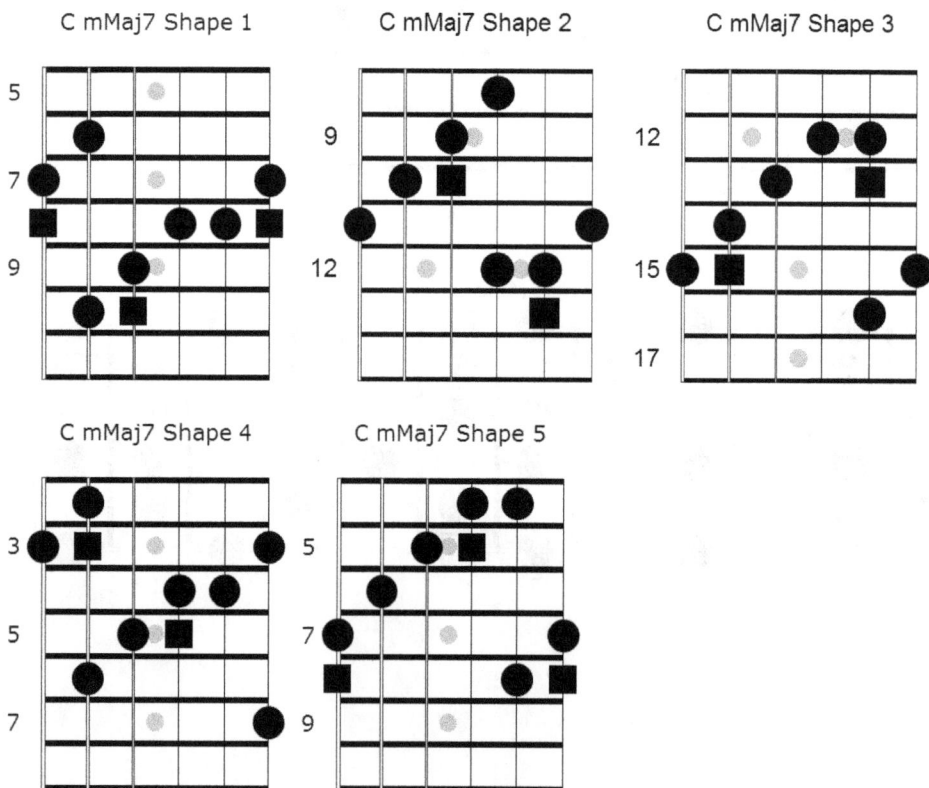

Progressões Comuns de Acordes

Faixa de Apoio Menor Melódica 1:

Faixa de Apoio Menor Melódica 2:

Faixa de Apoio Menor Melódica 3:

Licks Úteis

Lick 1 na Escala Menor Melódica:

CmMaj7

Lick 2 na Escala Menor Melódica:

CmMaj7

Lick 3 na Escala Menor Melódica:

CmMaj7

O Modo Lídio Dominante

C Lydian Dominant

Fórmula 1 2 3 #4 5 6 b7

Escala Originária: Menor Melódica

Modo: 4

Em uma frase: Fusion roqueiro e blueseiro.

The Simpsons Theme - Danny Elfman

O modo Lídio Dominante é um modo bastante comum no jazz e no fusion. Ele possui uma construção muito similar à do modo Mixolídio, mas com um 4º grau aumentado. Geralmente, esse modo é usado sobre acordes de 7ª dominante, e a maioria dos músicos tende a ver o grau #4 como uma b5, o que é mais similar às escalas blues. Por essa razão, os modos Mixolídio, Blues e Lídio Dominante podem ser combinados livremente.

O modo Lídio Dominante geralmente é usado tanto sobre acordes de 7ª dominante estáticos quanto funcionais (que resolvem), oferecendo um "crossover" entre blues tradicionais e blues com uma sonoridade mais jazz.

Desenhos da Escala Lídia Dominante de Dó

C Lydian Dominant
Shape 1

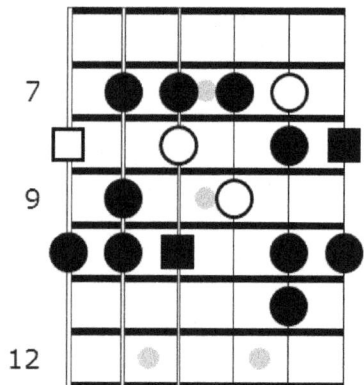

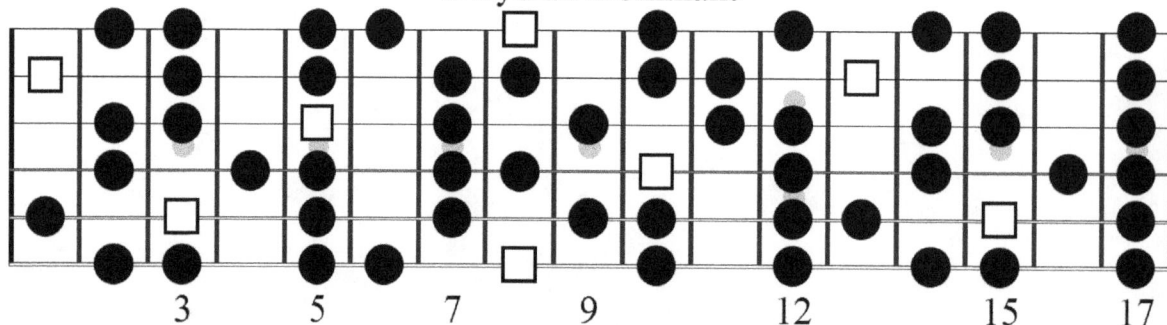

C Lydian Dominant
Shape 2

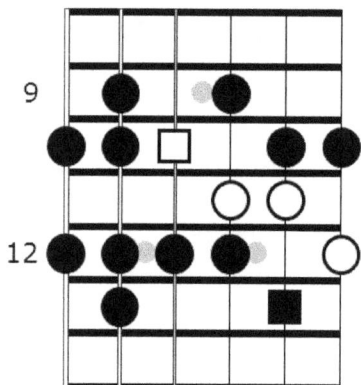

C Lydian Dominant
Shape 3

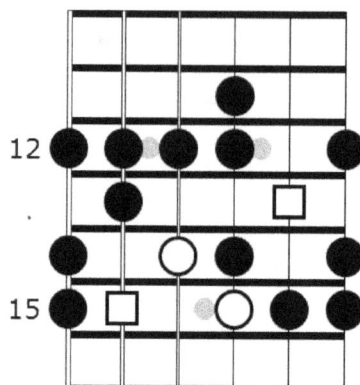

C Lydian Dominant
Shape 4

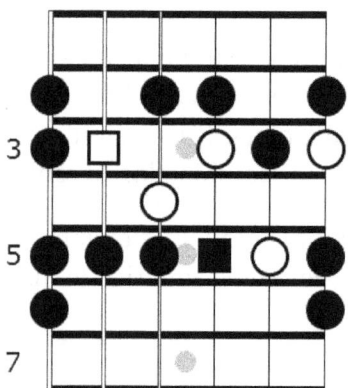

C Lydian Dominant
Shape 5

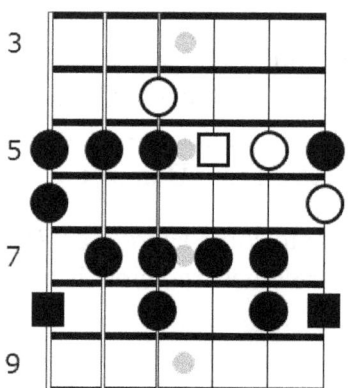

C Lydian Dominant

Desenhos de Tríades e Arpejos de Dó Lídio Dominante

Tríades

C Majb5 Triad Shape 1

C Majb5 Triad Shape 2

C Majb5 Triad Shape 3

C Majb5 Triad Shape 4

C Majb5 Triad Shape 5

Arpejos

C7b5 Shape 1

C7b5 Shape 2

C7b5 Shape 3

C7b5 Shape 4

C7b5 Shape 5

Progressões Comuns de Acordes

Faixa de Apoio Lídia Dominante 1:

Faixa de Apoio Lídia Dominante 2:

Faixa de Apoio Lídia Dominante 3:

Licks Úteis

Lick 1 na Escala Lídia Dominante:

Lick 2 na Escala Lídia Dominante:

Lick 3 na Escala Lídia Dominante:

A Escala Alterada

C Altered Scale

Fórmula 1 b2 #2 3 b5 #5 b7

Escala Originária: Menor Melódica

Modo: 7

Em uma frase: Usada principalmente no jazz e no fusion - insere *cada* tensão alterada possível a um acorde dominante.

Definitivamente, uma para os verdadeiros amantes do jazz: O modo Alterado ou "Super Lócrio" compreende a nota tônica e os tons relativos aos acordes de 7ª dominante (1, 3 e b7) e *cada* possível alteração cromática aos acordes de 7ª dominante (b9, #9, b5 e #5). Ele serve perfeitamente para ser usado sobre um acorde alterado dominante que resolva a tônica de um tom. Por exemplo:

C7#5b9 - Fm7

Tecnicamente, alguns teóricos podem dizer que esse modo é mais indicado para ser usado quando o acorde dominante resolve um acorde Menor tônico. Porém, ele ainda é comumente usado quando o acorde dominante resolve um acorde Maior.

É importante notar que a escala Alterada *não* contém o 5º grau natural, o que confere a essa escala um som "indeciso". Entretanto, como ela é geralmente usada sobre acordes dominantes funcionais, essa característica pode funcionar maravilhosamente.

Essa escala costuma ser chamada de modo Super Lócrio porque é quase idêntica ao modo Lócrio, mas contém uma b4 (um intervalo de 3ª maior). Por esse motivo, a escala Alterada funciona de forma diferente, é considerada um modo maior e é usada sobre acordes dominantes.

A escala Alterada pode ser usada sobre acordes dominantes alterados estáticos, como mostrado nas progressões a seguir, e apesar de ser um jeito bem útil para praticá-la e dominar o seu "sabor" único, é raro ver essa escala sendo usada musicalmente nesse contexto.

Desenhos da Escala Alterada de Dó

C Altered Shape 1

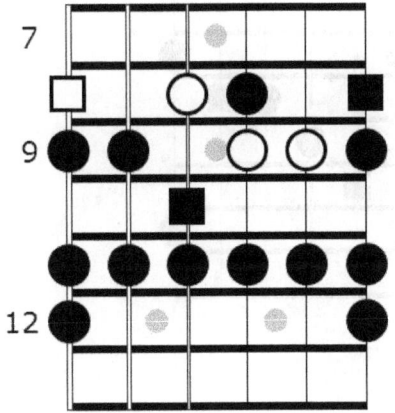

C Altered Shape 2

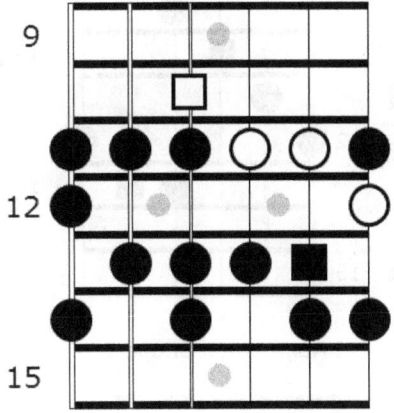

C Altered Shape 3

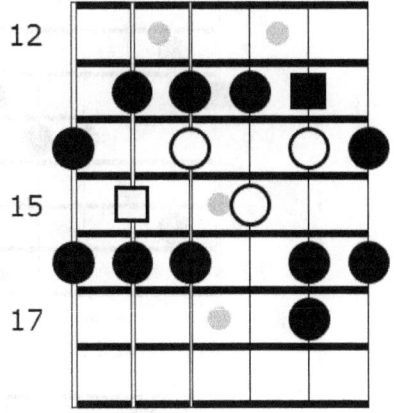

C Altered Shape 4

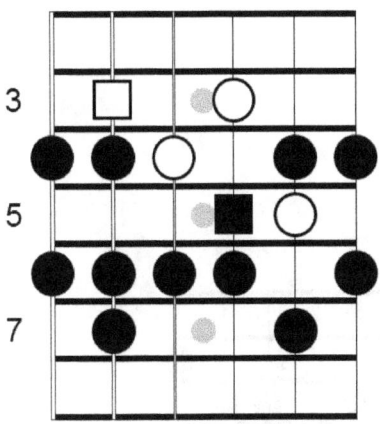

C Altered Shape 5

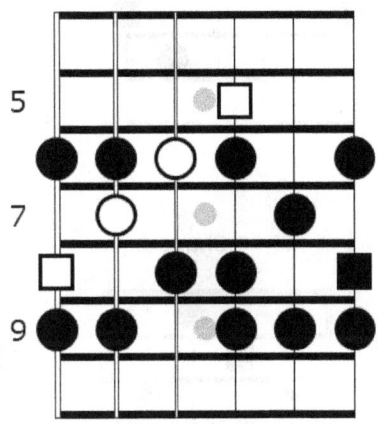

C Altered Scale

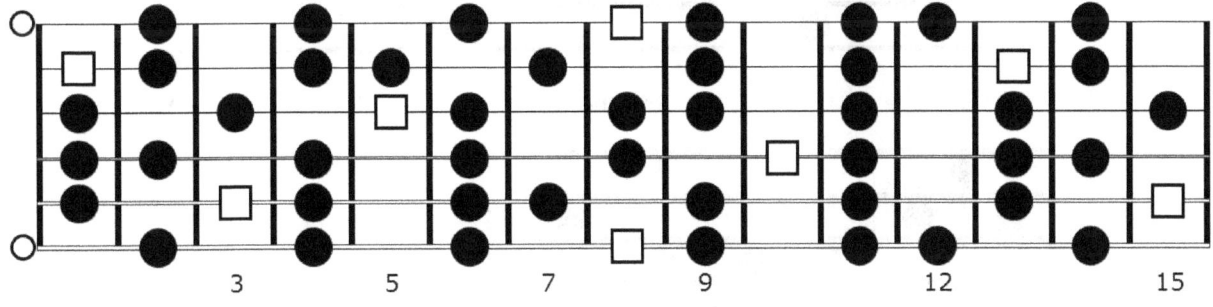

Desenhos de Tríades e Arpejos de Dó Alterado

Tríades

C Augmented Shape 1

C Augmented Shape 2

C Augmented Shape 3

C Augmented Shape 4

C Augmented Shape 5

Arpejos

C7#5 Shape 1

C7#5 Shape 2

C7#5 Shape 3

C7#5 Shape 4

C7#5 Shape 5

Progressões Comuns de Acordes

Faixa de Apoio na Escala Alterada 1:

Faixa de Apoio na Escala Alterada 2:

Faixa de Apoio na Escala Alterada 3:

Licks Úteis

Lick 1 na Escala Alterada:

Lick 2 na Escala Alterada:

Lick 3 na Escala Alterada:

A Escala Harmônica Menor

C Harmonic Minor

Fórmula 1 2 b3 4 5 b6 7

Em uma frase: Neoclássica, metal e Gypsy jazz.

A escala Harmônica Menor pode soar meio ultrapassada hoje em dia, mas se usada com moderação, o seu sabor único pode agregar profundidade e inteligência aos seus solos.

A escala Harmônica Menor é caracterizada pelo salto de um tom e meio entre a b6 e o intervalo natural de 7ª, que instantaneamente conjura uma ambiência meio Árabe - um som vindo diretamente do Oriente Médio para a sua guitarra. Isso é causado pelo salto de um tom e meio entre a b6 e a 7 (o salto de Ab para B, no tom de C).

Tradicionalmente, a escala Harmônica Menor (fiel ao seu nome) tem sido a origem da harmonia e da estrutura de acordes menores na música clássica. Enquanto as peças musicais escritas em tons maiores geralmente buscam seus acordes na escala Maior harmonizada, músicas escritas em tons menores geralmente derivam seus acordes da escala Harmônica Menor harmonizada. Pode ser que você não fique surpreendido em saber que a maioria das *melodias* clássicas menores é derivada da escala *melódica* menor, devido à sua construção mais suave - não há um salto de um tom e meio da b6 para a 7ª, como ocorre na harmônica menor.

Enquanto a escala harmônica menor é associada a guitarristas neoclássicos modernos, como Yngwie Malmsteen, podemos dizer que muitos tendem a ver a escala harmônica menor do ponto de vista do seu quinto modo, o Frígio Dominante, que será abordado no próximo capítulo. Por exemplo: tocando no tom de Lá Menor, muitos guitarristas estarão *pensando* em Mi Frígio Dominante. As notas são as mesmas, mas, acredite ou não, enxergar a escala harmônica menor a partir do ponto de vista do quinto grau tende a simplificar o nosso pensamento.

Isso não quer dizer que a escala harmônica menor não é útil quando utilizada independentemente; ela é uma ferramente poderosíssima para solos pesados e obscuros.

Desenhos da Escala Harmônica Menor de Dó

C Harmonic Minor
Shape 1

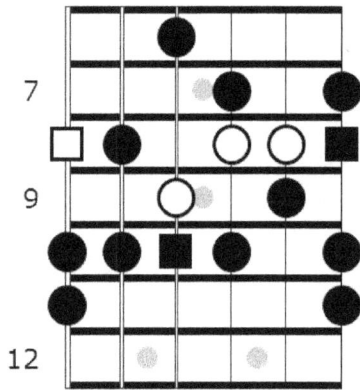

C Harmonic Minor
Shape 2

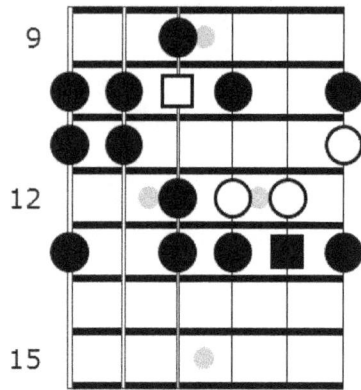

C Harmonic Minor
Shape 3

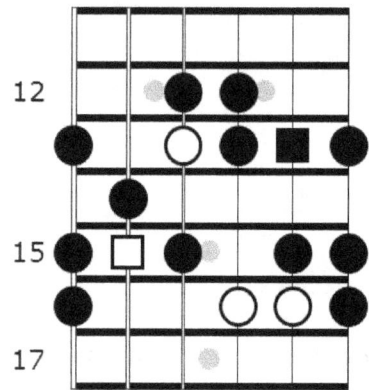

C Harmonic Minor
Shape 4

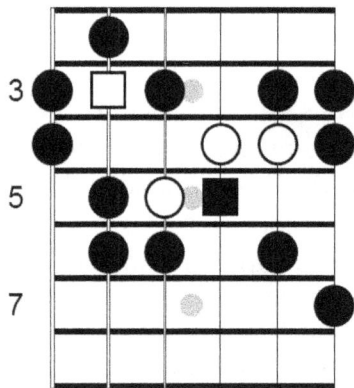

C Harmonic Minor
Shape 5

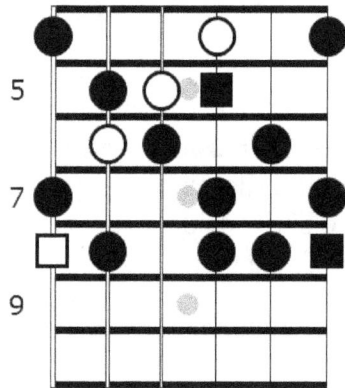

C Harmonic Minor

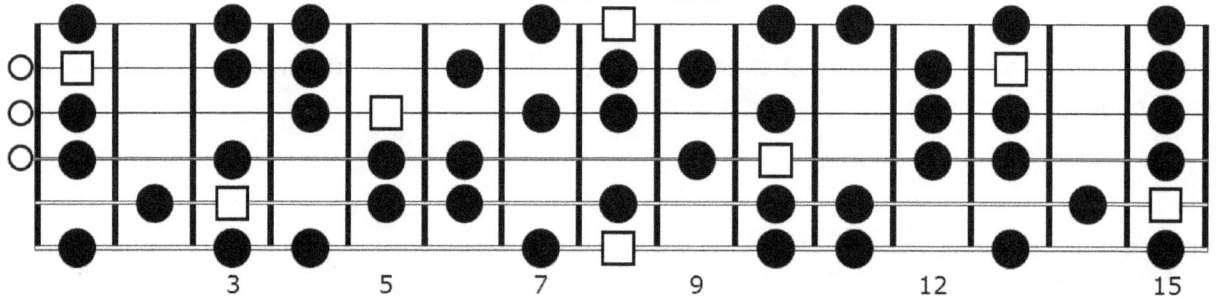

Desenhos de Tríades e Arpejos de Dó Harmônico Menor

Tríades

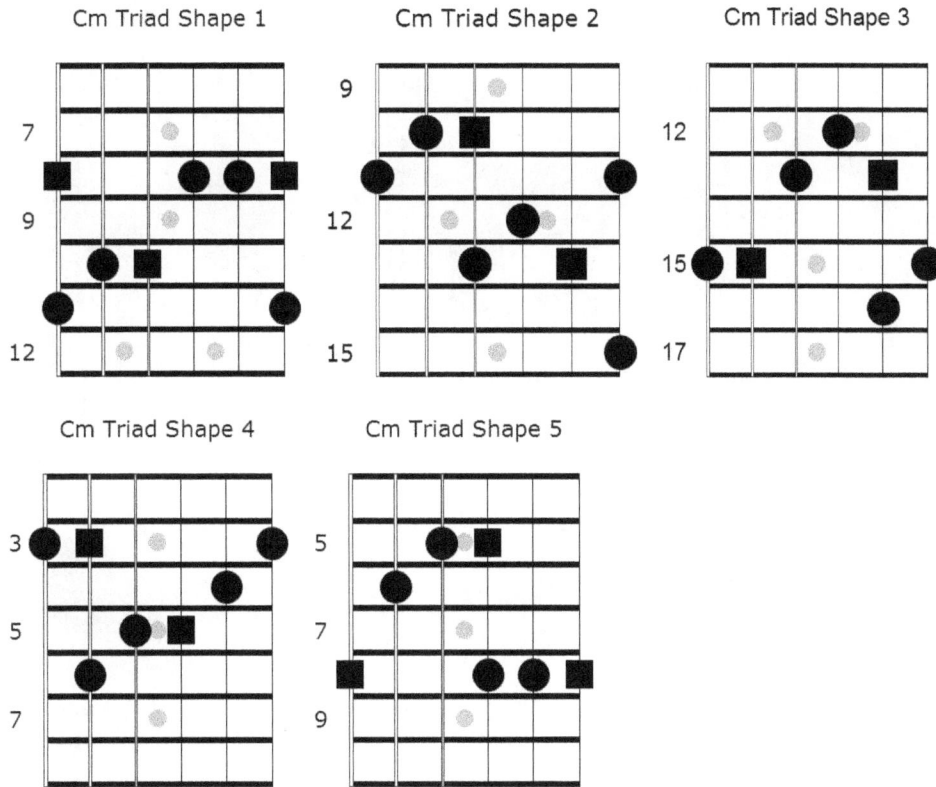

Arpejos

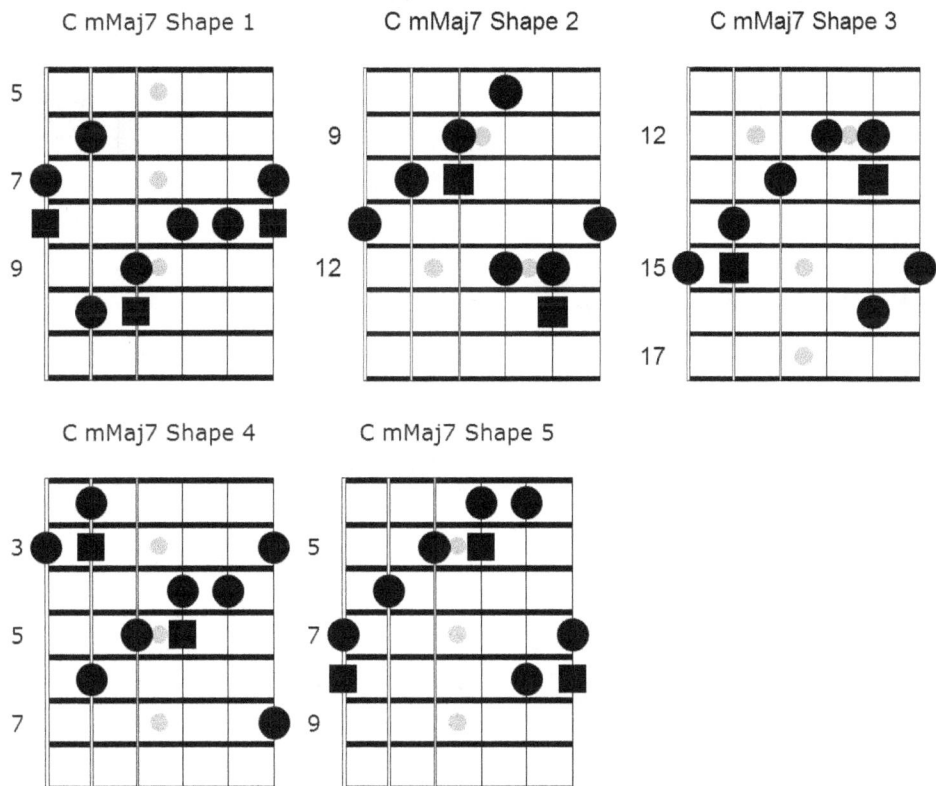

Progressões Comuns de Acordes

Faixa de Apoio na Escala Harmônica Menor 1:

Faixa de Apoio na Escala Harmônica Menor 2:

Faixa de Apoio na Escala Harmônica Menor 3:

Licks Úteis

Lick 1 na Escala Harmônica Menor:

Lick 2 na Escala Harmônica Menor:

Lick 3 na Escala Harmônica Menor:

O Modo Frígio Dominante

C Phrygian Dom

Fórmula 1 b2 3 4 5 b6 b7

Escala Originária: Harmônica Menor

Modo: 5

Em uma frase: Flamenco intenso. Costuma ser usada no jazz, quando um acorde dominante resolve em um acorde menor.

A escala Frígia Dominante é extremamente popular no jazz e no rock. Ela possui uma característica muito espanhola e cigana, o que a torna instantaneamente reconhecível.

Muitos consideram o modo Frígio Dominante como a escala primária do flamenco.

No rock, ela tem sido bastante usada pelo Rush e pelo Metallica, além de ser famosamente usada na seção de *tapping* de *Surfing with the Alien*, the Joe Satriani (1:09).

O modo Frígio Dominante é um dos modos favoritos de guitarristas de rock neoclássicos como Yngwie Malmsteen. O salto de um tom e meio entre a b2 e a 3ª maior cria uma forte sensação de música clássica.

No jazz, o modo Frígio Dominante é geralmente usado em uma progressão Menor (ii v i). Quando tocado sobre um acorde dominante funcional (aquele que resolve a sequência), as melodias do modo Frígio Dominante sugerem fortemente uma resolução na tônica menor, pois o grau b6 do modo se torna a 3ª menor do acorde tônico.

Desenhos da Escala Frígia Dominante de Dó

C Phrygian Dominant Shape 1

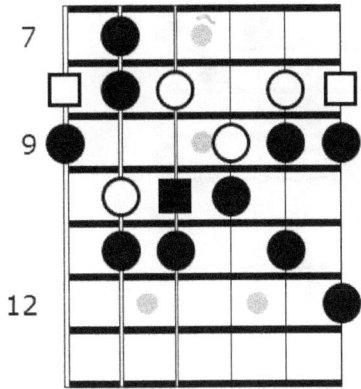

C Phrygian Dominant Shape 2

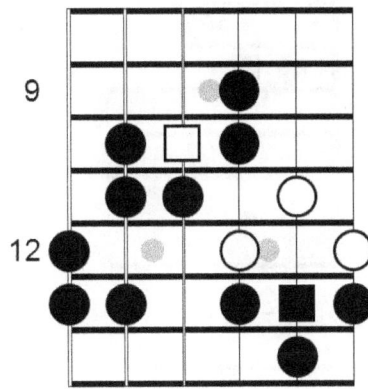

C Phrygian Dominant Shape 3

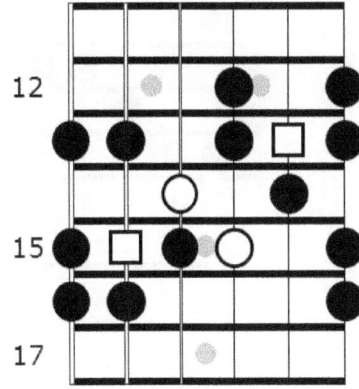

C Phrygian Dominant Shape 4

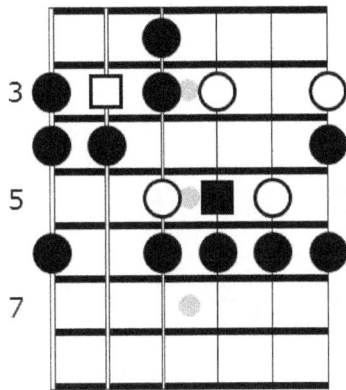

C Phrygian Dominant Shape 5

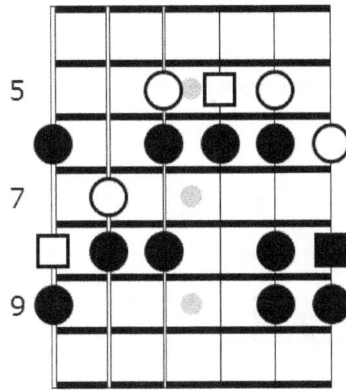

C Phrygian Dominant

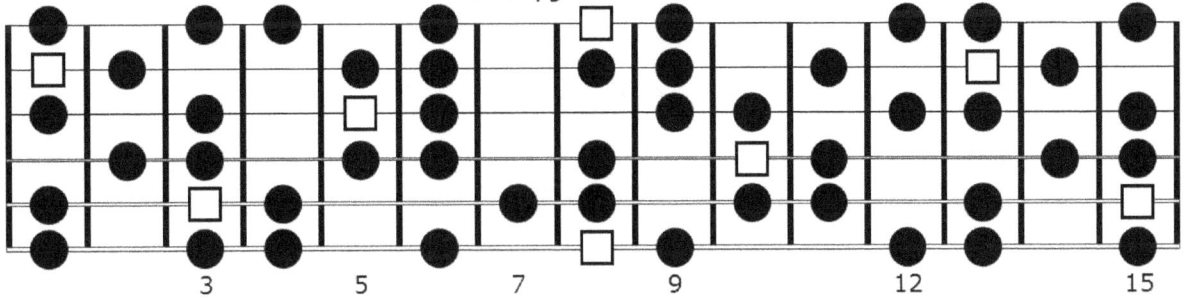

Desenhos de Tríades e Arpejos de Dó Frígio Dominante

Tríades

C Major Triad Shape 1

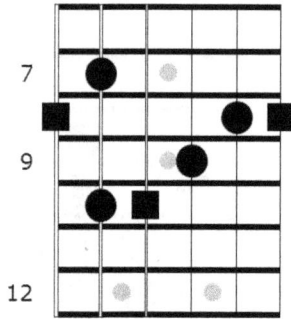

C Major Triad Shape 2

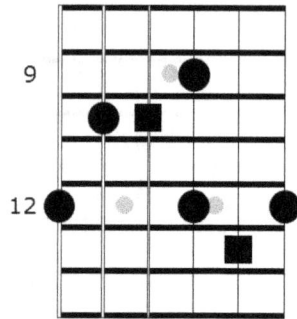

C Major Triad Shape 3

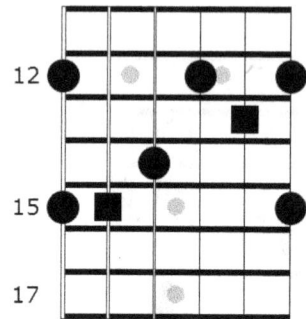

C Major Triad Shape 4

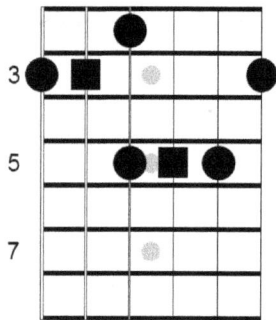

C Major Triad Shape 5

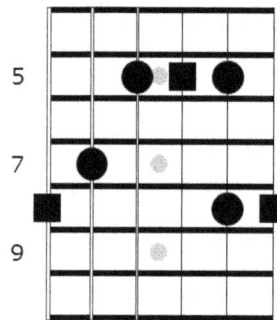

Arpejos

C7 Shape 1

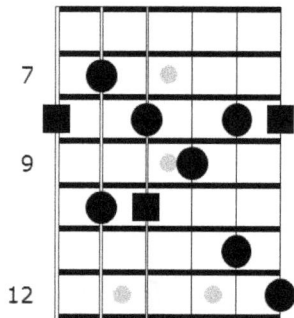

C7 Shape 2

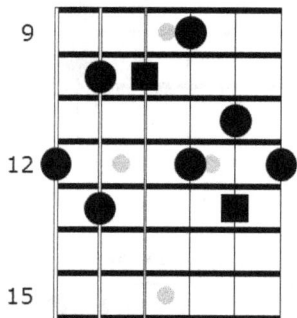

C7 Shape 3

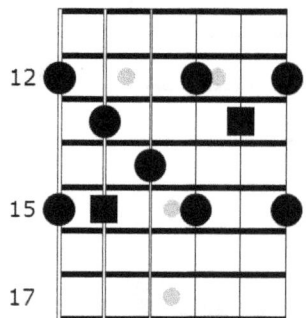

C7 Shape 4

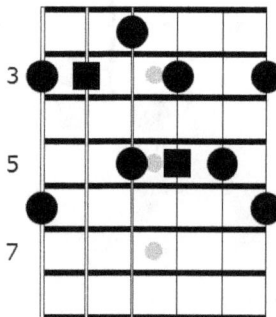

C7 Shape 5

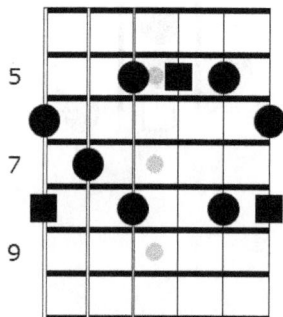

Progressões Comuns de Acordes

Faixa de Apoio na Escala Frígia Dominante 1

Faixa de Apoio na Escala Frígia Dominante 2

Faixa de Apoio na Escala Frígia Dominante 3

Licks Úteis

Lick 1 na Escala Frígia Dominante

Lick 2 na Escala Frígia Dominante

Lick 3 na Escala Frígia Dominante

A Escala Mixolídia Bebop

C Mixolydian Bop

Fórmula 1 2 3 4 5 6 b7 7

Escala Originária: Maior

Modo: 5

Em uma frase: Blues jazzístico.

A escala Mixolídia Bebop tem a mesma função da escala Mixolídia pura, mas possui uma nota adicional: uma sétima natural entre a b7 e a nota tônica.

Essa nota é inserida para criar uma escala de oito notas. Escalas de oito notas são bastante úteis no jazz (um gênero que, originalmente, era baseado na execução de colcheias), porque elas nos ajudam a manter as notas do arpejo no tempo, quando tocamos frases maiores.

Por exemplo: se você iniciar uma frase em um arpejo e subir e descer pela escala bebop em colcheias (1/8), você tocará automaticamente as notas do arpejo (tônica, terça, quinta e sétima) nos tempos fortes. Como muitos solos de jazz são construídos ao redor dessas notas do arpejo, as escalas bebop oferecem um jeito fácil de construir frases maiores de escalas, sem que haja uma preocupação excessiva com o posicionamento do arpejo.

Tente tocar a escala Mixolídia bebop de Dó, em colcheias, começando na nota tônica (Dó). Observe que as notas do arpejo (Dó, Mi, Sol e Si Bemol) sempre serão tocadas nos tempos fortes. Se você iniciar a partir de uma nota do arpejo, essa regra sempre se aplicará.

Desenhos da Escala Mixolídia Bebop de Dó

C Mixolydian Bebop
Shape 1

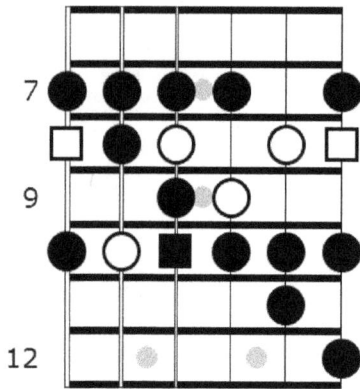

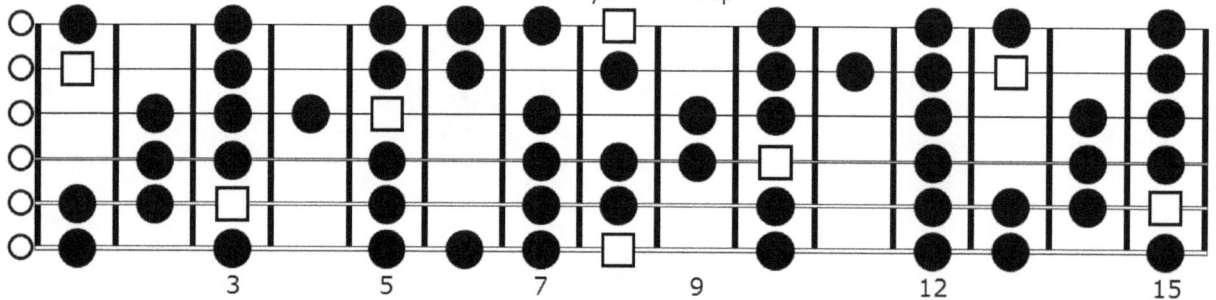

C Mixolydian Bebop
Shape 2

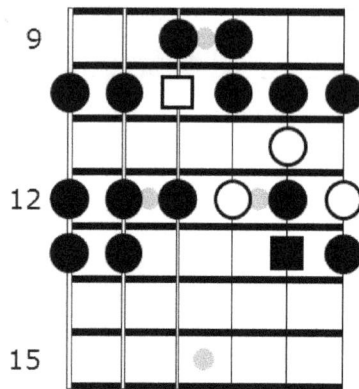

C Mixolydian Bebop
Shape 3

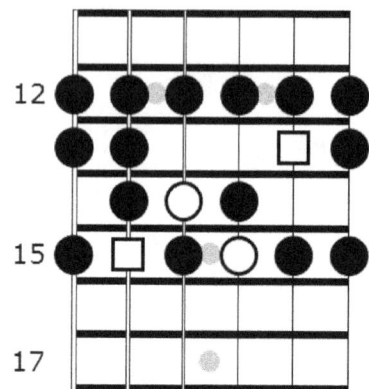

C Mixolydian Bebop
Shape 4

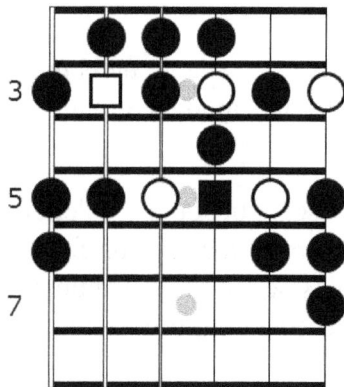

C Mixolydian Bebop
Shape 5

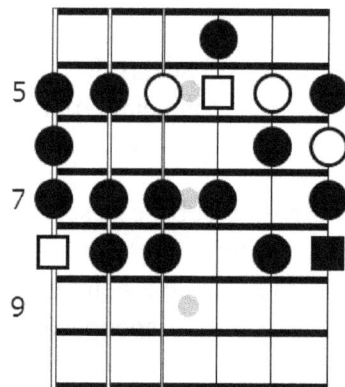

C Mixolydian Bebop

Desenhos de Tríades e Arpejos de Dó Mixolídio Bebop

Tríades

C Major Triad Shape 1

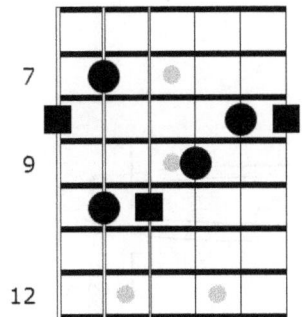

C Major Triad Shape 2

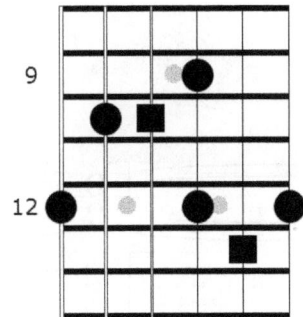

C Major Triad Shape 3

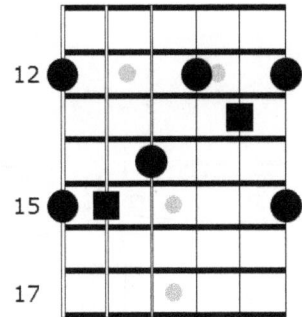

C Major Triad Shape 4

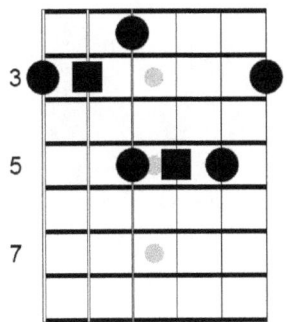

C Major Triad Shape 5

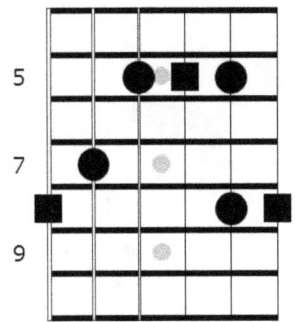

Arpejos

C7 Shape 1

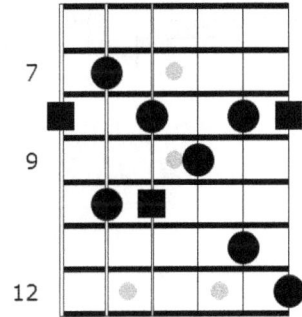

C7 Shape 2

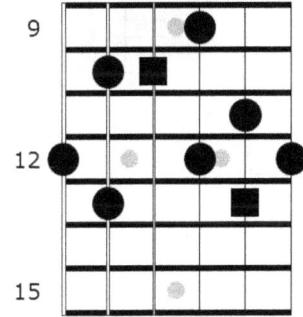

C7 Shape 3

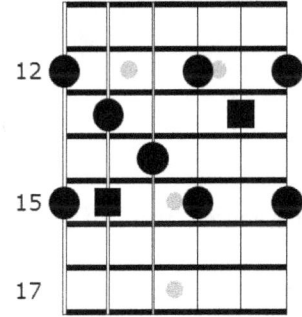

C7 Shape 4

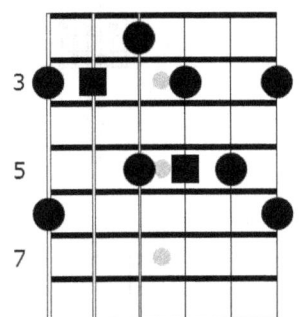

C7 Shape 5

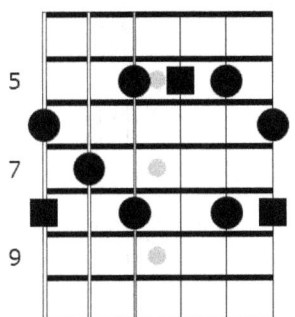

Progressões Comuns de Acordes

Faixa de Apoio na Escala Mixolídia Bebop 1

Faixa de Apoio na Escala Mixolídia Bebop 2

Faixa de Apoio na Escala Mixolídia Bebop 3

Licks Úteis

Lick 1 na Escala Mixolídia Bebop

Lick 2 na Escala Mixolídia Bebop

Lick 3 na Escala Mixolídia Bebop

A Escala Dórica Bebop

C Dorian Bop

Fórmula 1 2 b3 4 5 6 b7 7

Escala Originária: Maior

Modo: 2

Em uma frase: Um blues menor relaxado e com toques de jazz.

Existem *duas* escalas Dóricas Bebop que são comumente utilizadas. Uma é o modo Dórico com a adição de uma sétima natural, como mostrado; a outra é o modo Dórico com a adição de uma terça natural (1 2 b3 3 4 5 6 b7). Este livro abordará a escala Dórica Bebop com a sétima natural.

A escala Dórica Bebop tem a mesma função da escala Dórica pura. Porém, ela tem uma nota adicional, uma sétima natural entre a b7 e a tônica.

Essa nota é inserida para criar uma escala de oito notas. Escalas de oito notas são bastante úteis no jazz (um gênero que, originalmente, era baseado na execução de colcheias), porque elas nos ajudam a manter as notas do arpejo no tempo, quando tocamos frases maiores.

Por exemplo: se você iniciar uma frase em um arpejo e subir e descer pela escala bebop em colcheias (1/8), você tocará automaticamente as notas do arpejo (tônica, terça, quinta e sétima) nos tempos fortes. Como muitos solos de jazz são construídos sobre essas notas do arpejo, as escalas bebop oferecem um jeito fácil de construir frases maiores de escalas, sem que haja uma preocupação excessiva com o posicionamento do arpejo.

Tente tocar a escala Dórica Bebop de Dó, em colcheias, começando na nota tônica (Dó). Observe que as notas do arpejo (Dó, Mi, Sol e Si Bemol) sempre serão tocadas nos tempos fortes. Se você iniciar a partir de uma nota do arpejo, essa regra sempre se aplicará.

Desenhos da Escala Dórica Bebop de Dó

C Dorian Bebop Shape 1

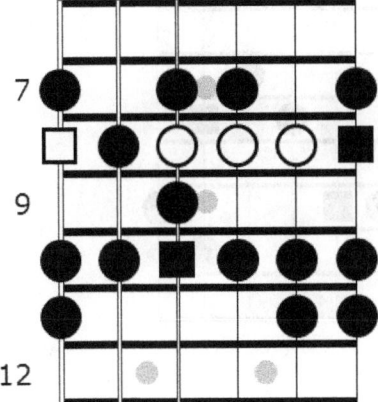

C Dorian Bebop Shape 2

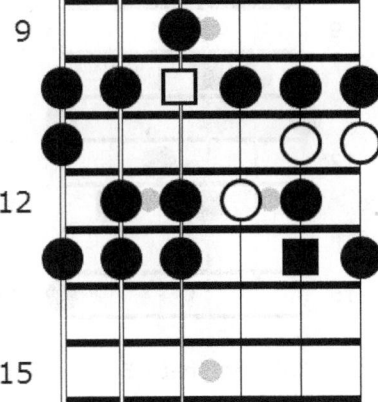

C Dorian Bebop Shape 3

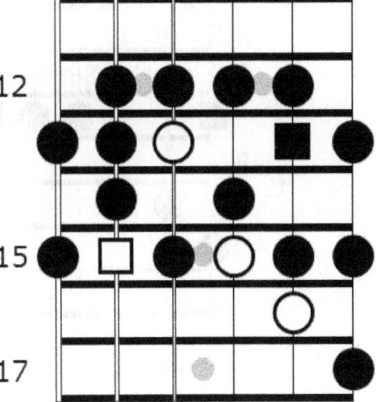

C Dorian Bebop Shape 4

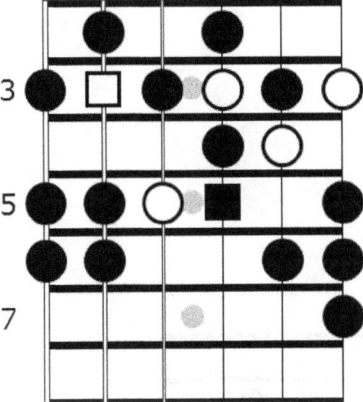

C Dorian Bebop Shape 5

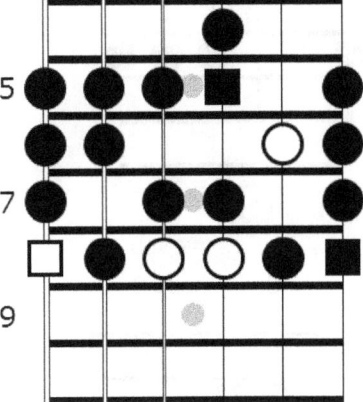

C Dorian Bebop

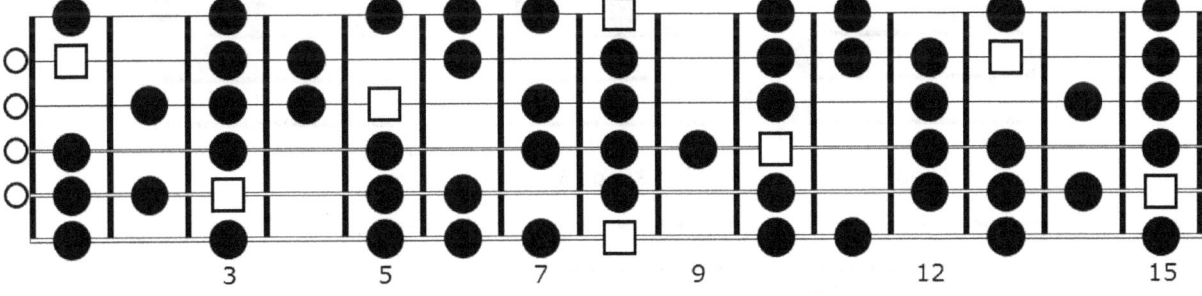

Desenhos de Tríades e Arpejos de Dó Dórico Bebop

Tríades

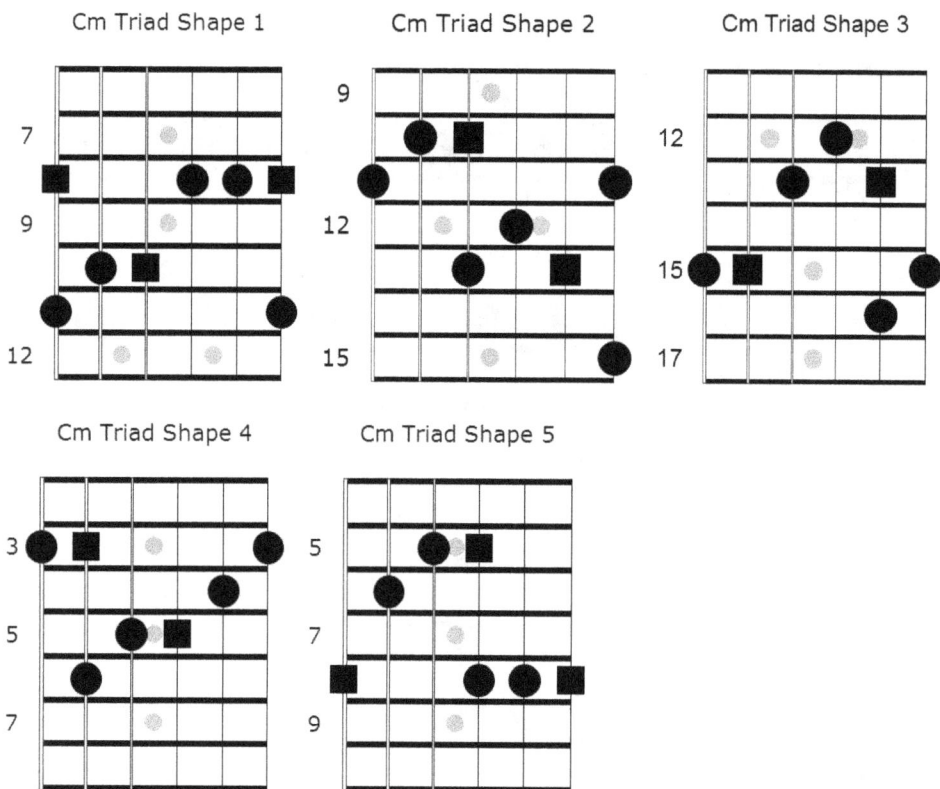

Arpejos

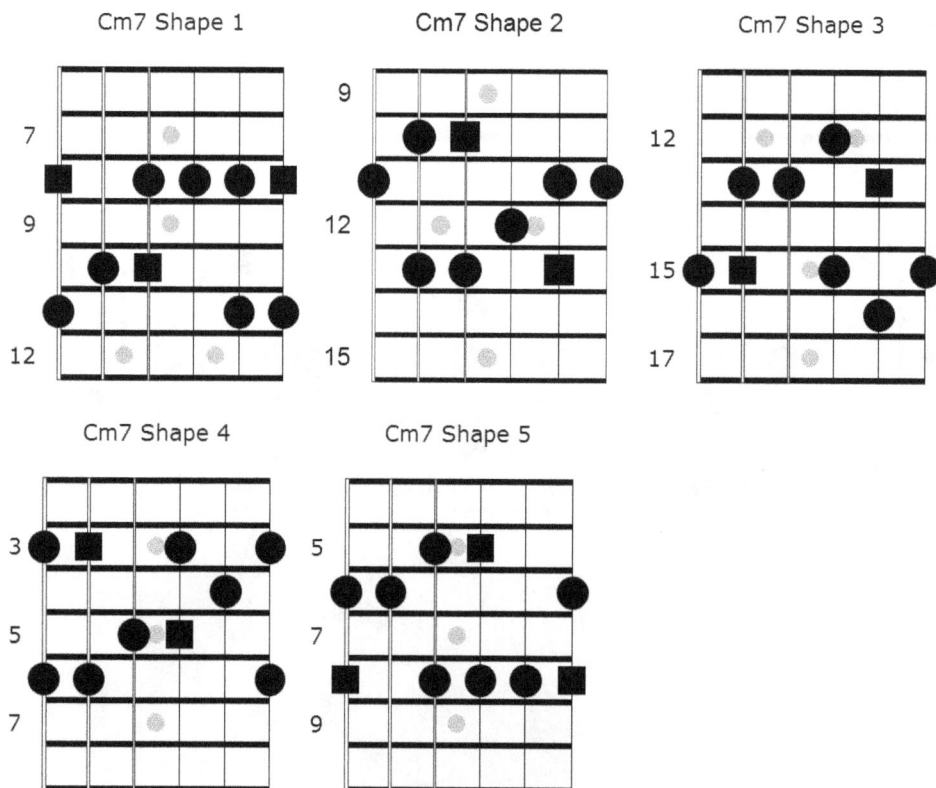

Progressões Comuns de Acordes

Faixa de Apoio na Escala Dórica Bebop 1

Faixa de Apoio na Escala Dórica Bebop 2

Faixa de Apoio na Escala Dórica Bebop 3

Licks Úteis

Lick 1 na Escala Dórica Bebop

Lick 2 na Escala Dórica Bebop

Lick 3 na Escala Dórica Bebop

A Escala Dominante-Diminuta

C Half Whole

Fórmula 1 b2 #2 3 b5 5 6 b7 (b5 também é escrita como #4)

Escala sintética de transposição limitada

Em uma frase: Uma dissonância jazzística com traços de fusion - costuma ser usada no jazz, quando um acorde dominante resolve em um acorde maior.

Escalas sintéticas são as que não ocorrem "naturalmente" no sistema modal; elas são criadas utilizando um padrão recorrente (sintético) de tons e semitons em suas construções.

Por exemplo, a escala Dominante-Diminuta é formada pelo seguinte padrão *semitom, tom, semitom, tom, etc*. Seguir esse padrão leva a uma escala de oito notas que lhe permite tocar padrões "geométricos" nos solos. Não é comum derivar acordes e harmonia de escalas sintéticas, mas isso às vezes acontece no jazz moderno e no fusion. A Escala Dominante-Diminuta costuma ser usada no jazz, quando um acorde dominante resolve em um acorde maior com sétima que esteja a uma quinta de distância. Por exemplo:

C7 - FMaj7

A Escala Dominante-Diminuta também pode ser usada para solar sobre *vamps* específicos de acordes, que são demonstrados nos exemplos.

A frase "escala de transposição limitada" significa que há um número limitado de tons nos quais a escala pode ser tocada, devido à natureza geométrica de sua construção. Por exemplo: a escala Dominante-Diminuta de Dó é idêntica a essa mesma escala no tom de Mi Bemol, Fá Sustenido e Lá.

Em outras palavras, a escala se repete a cada terça menor (três casas no braço da guitarra). Isso é fácil de ser percebido se você olhar ao diagrama do braço da guitarra na página a seguir.

Desenhos da Escala Dominante-Diminuta de Dó

C Half Whole Shape 1

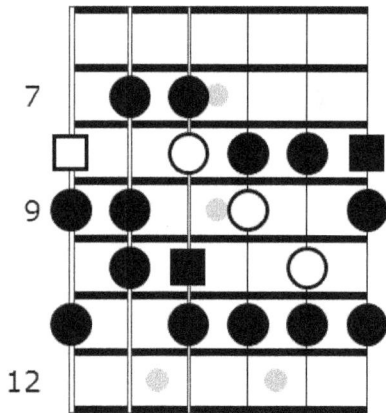

C Half Whole Shape 2

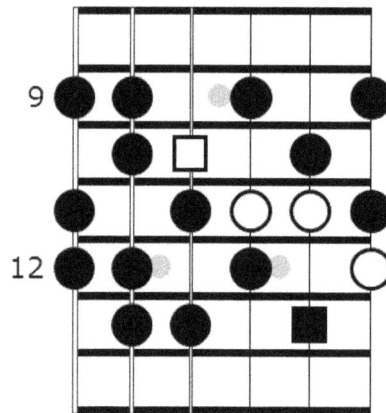

C Half Whole Shape 3

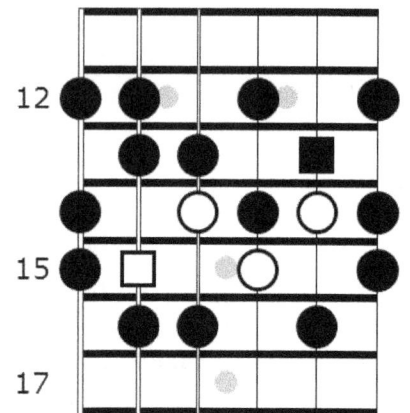

C Half Whole Shape 4

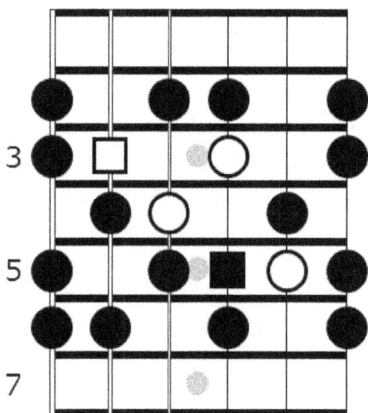

C Half Whole Shape 5

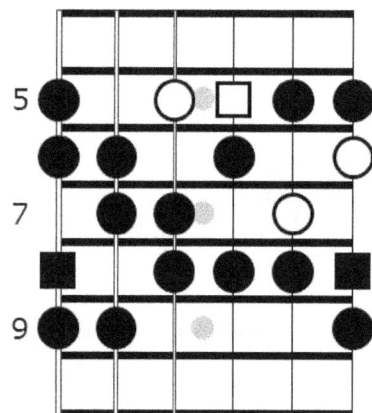

C Half Whole Diminished Scale

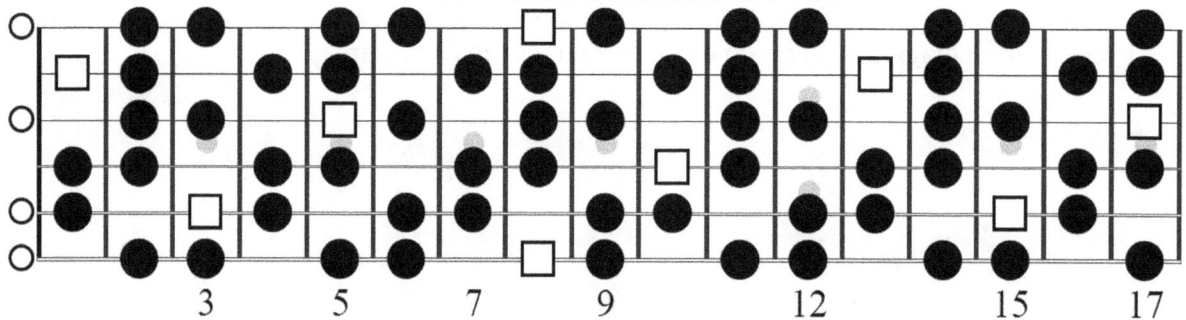

Desenhos de Tríades e Arpejos da Escala Dominante-Diminuta de Dó

C Majb5 Triad Shape 1
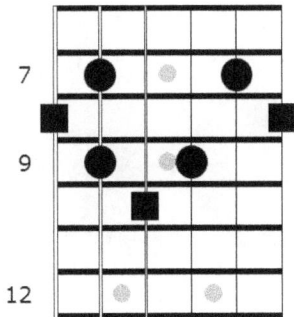

C Majb5 Triad Shape 2
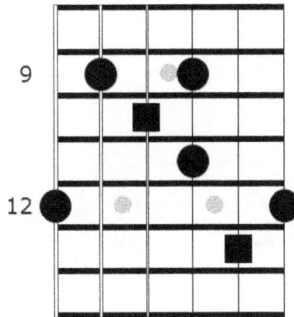

C Majb5 Triad Shape 3
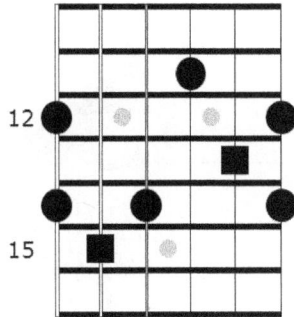

C Majb5 Triad Shape 4
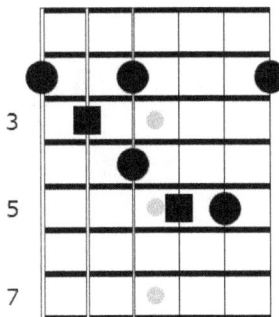

C Majb5 Triad Shape 5
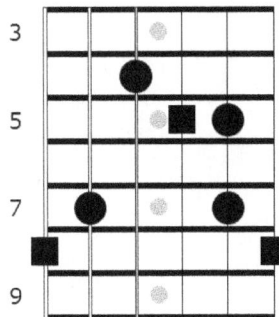

Arpejos

C7b5 Shape 1
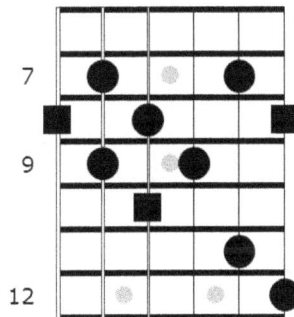

C7b5 Shape 2
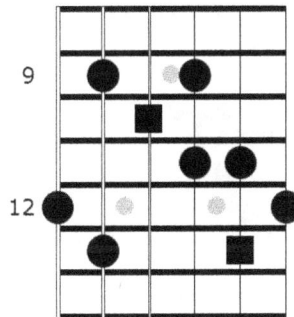

C7b5 Shape 3
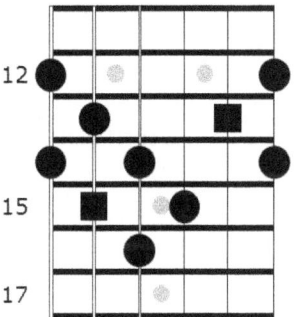

C7b5 Shape 4
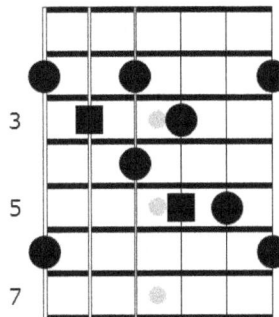

C7b5 Shape 5
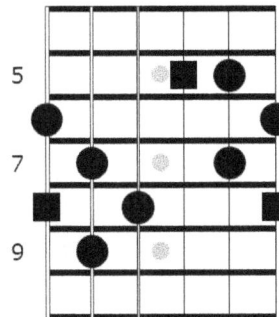

Progressões Comuns de Acordes

Faixa de Apoio na Escala Dominante-Diminuta 1

Faixa de Apoio na Escala Dominante-Diminuta 2

Faixa de Apoio na Escala Dominante-Diminuta 3

Licks Úteis

Lick 1 na Escala Dominante-Diminuta:

Lick 2 na Escala Dominante-Diminuta:

Lick 3 na Escala Dominante-Diminuta:

A Escala de Tons Inteiros (Aumentada)

C Whole Tone

Fórmula 1 2 3 #4 #5 b7

Escala sintética de transposição limitada

Em uma frase: Dissonância estendida e simétrica - geralmente usada no jazz quando um acorde dominante resolve para um acorde menor.

A Escala de Tons Inteiros (*Whole Tone* ou Hexafônica) é outra escala sintética. Ela é criada mantendo uma distância de um tom entre *cada* grau da escala. A Escala de Tons Inteiros contém apenas seis tons individuais, e devido a essa construção há apenas duas transposições possíveis para a escala.

As notas na Escala de Tons Inteiros de Dó e na Escala de Tons Inteiros de Ré são idênticas (isso é fácil de perceber pelo diagrama do braço da guitarra da página a seguir), então apenas duas transposições são suficientes para cobrir cada transposição possível: C e C#. Isso não é a mesma coisa que dizer que a Escala de Tons Inteiros só pode ser tocada em um tom, mas significa que as notas nas escalas de Tons Inteiros de Dó, Ré, Mi, Fá Sustenido, Sol Sustenido e Lá Sustenido são idênticas.

Por ser uma escala simétrica, a escala de Tons Inteiros, assim como a escala Dominante-Diminuta, tende a gerar linhas musicais "geométricas". É comum ouvir muitas sequências e padrões sendo criados a partir dessa estrutura.

É extremamente difícil ouvir progressões de acordes construídas a partir da Escala de Tons Inteiros, mas é comumente utilizado como um dispositivo melódico quando um acorde 7#5 dominante resolve para um acorde tônico menor. Por exemplo:

C7#5 para Fá Menor

A Escala de Tons Inteiros também pode ser usada sobre outras progressões bem construídas de acordes, algumas das quais serão mostradas nas páginas a seguir.

Desenhos da Escala de Tons Inteiros de Dó

C Whole Tone Shape 1

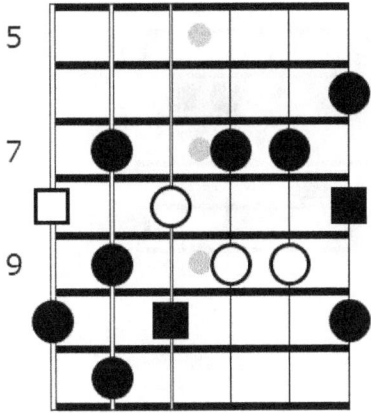

C Whole Tone Shape 2

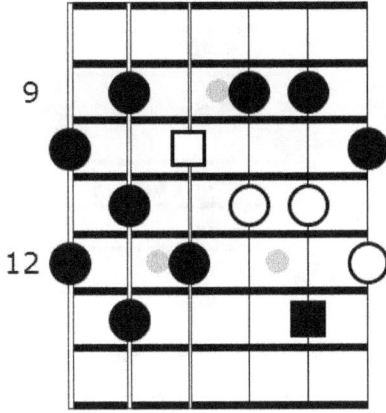

C Whole Tone Shape 3

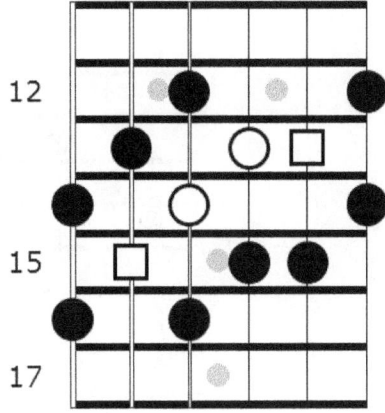

C Whole Tone Shape 4

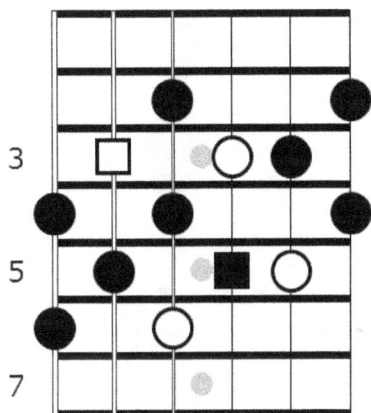

C Whole Tone Shape 5

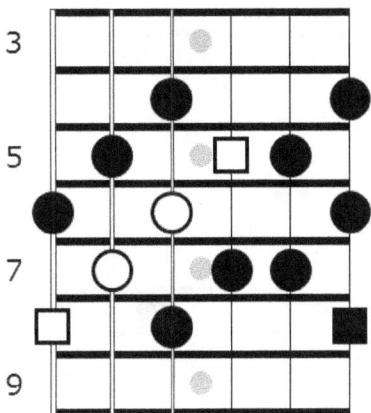

C Whole Tone Scale

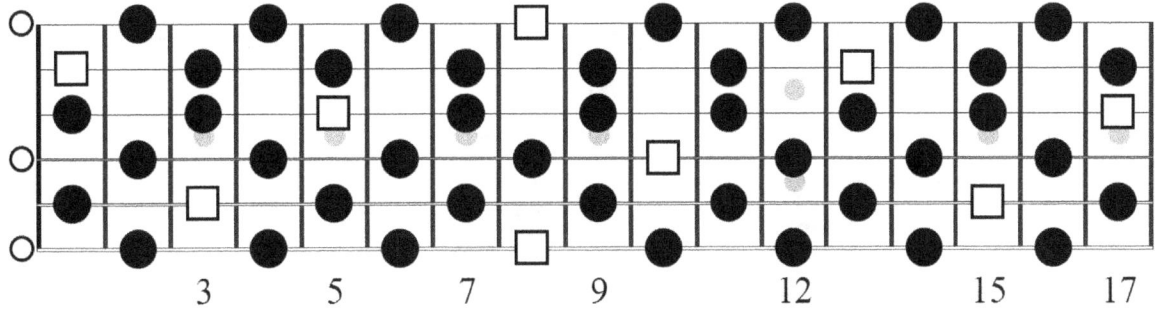

Desenhos de Tríades e Arpejos da Escala de Tons Inteiros de Dó

Tríades

C Augmented Shape 1

C Augmented Shape 2

C Augmented Shape 3

C Augmented Shape 4

C Augmented Shape 5

Arpejos

C7#5 Shape 1

C7#5 Shape 2

C7#5 Shape 3

C7#5 Shape 4

C7#5 Shape 5

Progressões Comuns de Acordes

Faixa de Apoio na Escala de Tons Inteiros de Dó 1

Faixa de Apoio na Escala de Tons Inteiros de Dó 2

Faixa de Apoio na Escala de Tons Inteiros de Dó 3

Nota: "+" = Aumentado.

Licks Úteis

Lick 1 na Escala de Tons Inteiros de Dó

Lick 2 na Escala de Tons Inteiros de Dó

Lick 3 na Escala de Tons Inteiros de Dó

Nas Redes Sociais:

Junte-se às mais de 10.500 pessoas que recebem seis lições gratuitas de guitarra por dia no facebook:

www.facebook.com/FundamentalChangesInGuitar

www.ingramcontent.com/pod-product-compliance
Lightning Source LLC
Chambersburg PA
CBHW081432090426
42740CB00017B/3283